FACULTÉ DE DROIT DE BORDEAUX

ÉTUDE SUR L'EMPHYTÉOSE

EN DROIT ROMAIN ET EN DROIT FRANÇAIS

THÈSE POUR LE DOCTORAT

soutenue le 28 juillet 1877

PAR

J. Sully HELLIOT

Avocat à la Cour d'Appel de Bordeaux

BORDEAUX

IMPRIMERIE GÉNÉRALE D'ÉMILE CRUGY

16, rue et hôtel Saint-Siméon, 16

1877

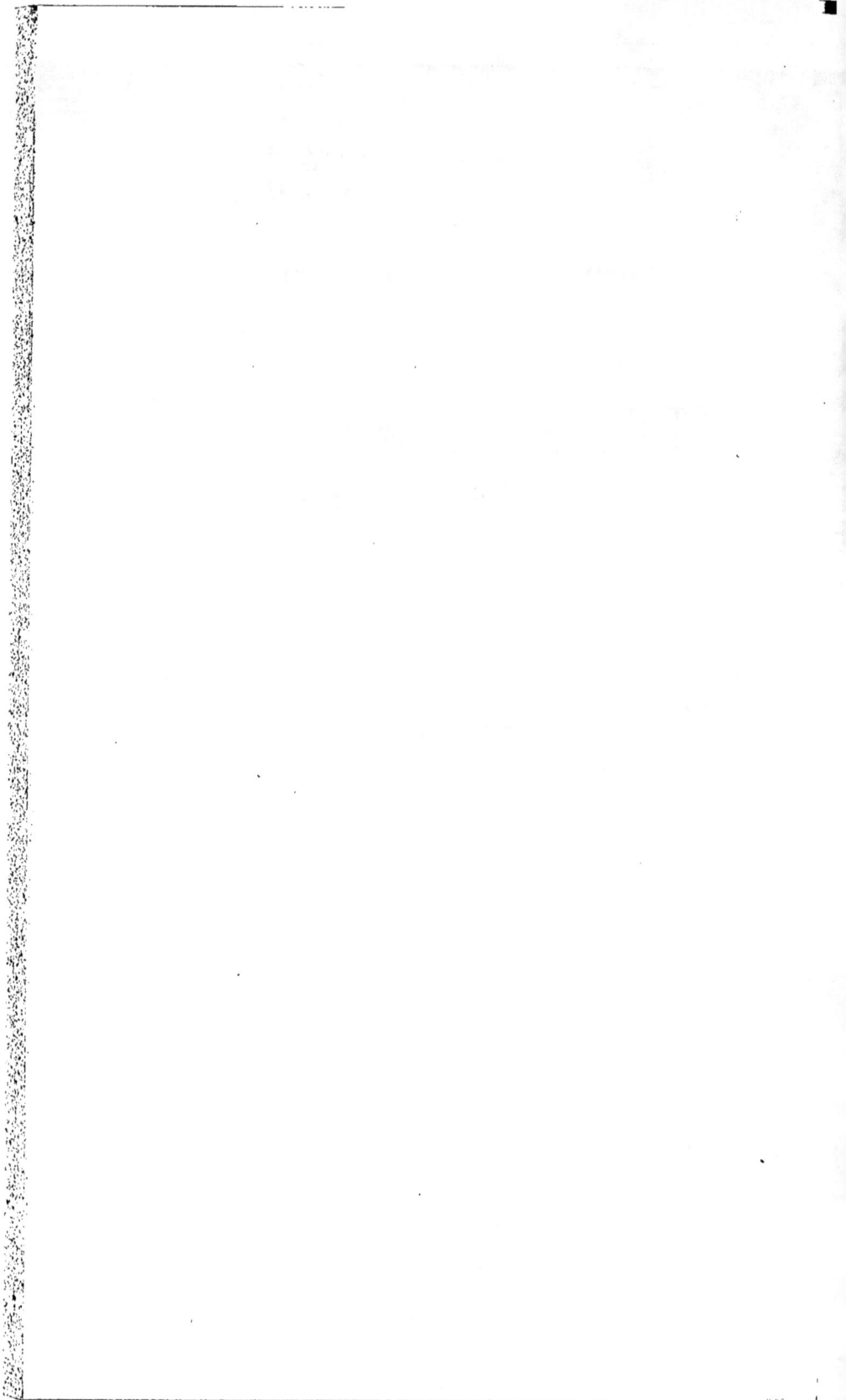

FACULTÉ DE DROIT DE BORDEAUX

ÉTUDE SUR L'EMPHYTÉOSE

EN DROIT ROMAIN ET EN DROIT FRANÇAIS

THÈSE POUR LE DOCTORAT

soutenue le 28 juillet 1877

PAR

J. Sully HELLIOT

Avocat à la Cour d'Appel de Bordeaux

BORDEAUX

IMPRIMERIE GÉNÉRALE D'ÉMILE CRUGY

16, rue et hôtel Saint-Siméon, 16

1877

FACULTÉ DE DROIT DE BORDEAUX

BIBLIOGRAPHIE

Droit Romain.

ACCARIAS .... *Précis du Droit romain.*

ORTOLAN .... *Explication historique des* Institutes de Justinien.

PEPIN LE HALLEUR .... *Histoire de l'Emphytéose.*

TROPLONG .... *Tome I, du Louage.*

DUREAU DE LA MALLE.. *Économie politique des Romains.*

DE MILLY .... *Thèse de Doctorat.*

MUHLENBRUCH .... *Doctrina Pandectarum.*

Droit Français.

DE SAVIGNY .... *Histoire du Droit romain au moyen âge.*

LAFERRIÈRE .... *Histoire du Droit.*

TROPLONG .... *Louage, tome I et II.*

LABOULAYE .... *Histoire de la propriété foncière en Occident.*

PEPIN LE HALLEUR .... *Histoire de l'Emphytéose.*

DURANTON .... *Cours de Droit civil.*

DEMOLOMBE .... *Tome IX, Distinction des biens.*

AUBRY et RAU .... *Tome II.*

DUVERGIER .... *Tome III, du Louage.*

LOCRÉ .... *Esprit du Code civil.*

POTHIER .... *Tomes XIX et XX.*

MERLIN .... *Répertoire de jurisprudence.*

DALLOZ .... *Répertoire, Louage emphytéotique.*

GUYOT .... *Thèse du Doctorat 1876.*

MEIS ET AMICIS

INTRODUCTION

————

Parmi les droits réels que le propriétaire peut constituer sur son fonds, les uns se rencontrent chez tous les
peuples à l'origine même de la civilisation, tels sont les
servitudes prédiales, l'usufruit, le gage : c'est qu'en
effet, ces droits répondent à des besoins qui sont partout
les mêmes, quel que soit l'état politique et social des
peuples qui les emploient.

D'autres droits réels, au contraire, ne peuvent se développer qu'au sein de sociétés déjà arrivées à un état
d'aisance et de richesse plus complet; ainsi le louage,
ainsi l'hypothèque, qui ne peut être organisée qu'autant
que des éléments de crédit existent déjà, ce qui suppose
une civilisation avancée.

D'autres droits, enfin, tiennent à une situation écono-
mique spéciale, et c'est parmi eux que nous rangeons
l'emphytéose dont nous nous sommes proposé l'étude

2

dans ce travail. Ce contrat est avantageux lorsque la propriété, comme dans le Bas-Empire, se trouve concentrée dans un petit nombre de mains; les propriétaires, alors, ne pouvant cultiver par eux-mêmes, et, d'un autre côté, le bail ordinaire exigeant une intervention presque de chaque instant, adoptent avec empressement toute combinaison qui, leur permettant de conserver sur la terre leur droit de propriété, leur ôte le soin de l'administration active de leur fortune foncière.

Dans les premiers siècles de Rome, le propriétaire restait en contact avec le sol, et la classe intermédiaire des tenanciers était inconnue. L'aristocratie existait cependant, mais le sénateur ne trouvait point incompatible avec sa dignité de mettre la main à la charrue. Tout le monde connaît la légende de Cincinnatus, et on sait que Caton dirigeait lui-même l'exploitation de son domaine.

Mais Rome portait en elle un germe de décomposition : c'était son désir immodéré de domination extérieure : « *Adversùs hostem æterna auctoritas* », disait la loi des *Douze Tables*; et ce précepte fameux, si énergique dans sa concision, résume bien les idées de la Rome républicaine.

La guerre se rallumait donc sans cesse. Mais heureuse ou malheureuse, ce fléau rarement nécessaire a pour résultat le plus immédiat de sacrifier une partie considérable d'un peuple, à Rome la meilleure, car les seuls hommes libres figuraient dans l'armée. Le résultat était fatal, et une époque arriva où les Romains, maîtres du monde, virent en friche les campagnes qui, jadis, avaient fait leur richesse.

La classe moyenne avait à peu près disparu au milieu des discordes civiles, et on ne trouvait plus dans les campagnes que de vastes domaines sur lesquels vivaient une multitude d'esclaves. Le travail servile fit bientôt ressentir ses funestes effets : les terres devinrent désertes, la production nulle. Divers moyens furent cherchés pour intéresser le travailleur aux résultats de son travail, et, vers le IVe siècle, le colonat arriva à reconstituer en partie la classe des travailleurs. Mais le colonat ne s'appliquait qu'aux terres en culture et le désert augmentait toujours : c'est alors que se généralisa l'emphytéose, et qu'on eut l'idée d'employer aux terres des particuliers le mode de tenure imaginé depuis longtemps au profit du fisc et des villes.

Contemporains des mêmes misères, le colonat et l'emphythéose eurent pour but d'arrêter la dépopulation des campagnes et le dépérissement de la culture. Ces institutions ne produisirent sans doute pas l'effet qu'en attendaient les empereurs; mais si elles ne régénérèrent pas l'Empire romain, elles eurent du moins pour résultat de lui conserver, jusqu'au dernier moment, une sorte d'homogénéité.

Après la conquête, les chefs francs s'établirent sur ces

immenses propriétés; mais ne comprenant rien aux
distinctions subtiles que les légistes romains avaient
établies entre les emphytéotes, les colons et les esclaves,
ils les confondirent, les plaçant tous sur le pied des
lites de la Germanie.

Au xᵉ siècle, la féodalité, définitivement constituée, a
éclipsé le pouvoir royal : chaque seigneur est considéré
comme ayant été à l'origine propriétaire de tous les
biens situés dans le ressort de sa souveraineté. Et sous
la réserve d'un droit appelé directe, ils multiplient à
leurs sujets les concessions de terres qui prennent le nom
de baux à cens, baux à rente, bordelages, etc., et qui ont
tous une grande analogie avec l'emphytéose romaine.

Au xɪɪᵉ siècle, la liberté fait son apparition dans la
classe des cultivateurs, et les chartes de cette époque
nous ont conservé le souvenir de nombreux affranchissements. Avec la liberté, le bien-être se montre dans les
campagnes, et désormais l'on peut suivre pas à pas les
progrès de cette classe moyenne, intermédiaire entre les
serfs et l'aristocratie.

Telle est l'organisation de la propriété jusqu'en 1789.
La Révolution supprima tous ces cisaillements et pro-
clama la propriété une et indivisible. Le Code civil ne
s'inquiéta pas de l'emphytéose, ce fut un tort : car
même, de nos jours, dans certaines circonstances où la
vente et le louage seraient difficiles, l'emphytéose temporaire resterait comme suprême ressource.

Notre travail se divisera en trois parties :

La première prendra l'emphytéose romaine à sa source pour la suivre jusqu'aux lois de Justinien. Nous étudierons dans la deuxième le droit de la Gaule et de l'ancienne France, en faisant ressortir les transformations que dut subir notre contrat à cette époque. Enfin, dans une troisième partie, nous verrons ce qu'ont fait de l'emphytéose les lois de la Révolution et le Code civil.

PREMIÈRE PARTIE

DROIT ROMAIN

CHAPITRE PREMIER

RECHERCHES SUR L'ORIGINE DE L'EMPHYTÉOSE.

I

DE L'AGER PUBLICUS.

L'emphytéose se rattache par des liens étroits aux exigences politiques et sociales du Bas-Empire en décadence ; c'est à cette époque seulement qu'elle devient l'objet d'une attention spéciale de la part du législateur. Née des besoins de l'époque, elle ne fit pas dans les lois romaines une entrée solennelle et elle existait déjà depuis longtemps lorsque, par une constitution restée célèbre, l'empereur Zénon la réglementa pour la première fois. Longtemps avant Zénon on rencontre dans les textes l'expression *jus emphyteuticum,* mais à l'origine cette expression ne présente pas un sens bien net. De là, la nécessité de remonter jusque dans les temps les plus reculés de Rome pour dégager cet important contrat des affinités qui l'environnent à son berceau.

Lors de la fondation de Rome, Romulus fit, entre tous les citoyens, le partage d'une partie du territoire, conservant l'autre commune afin de rendre plus facile le parcours et l'élève des bestiaux. C'était aussi le seul moyen de se procurer un revenu public, par la perception d'une légère redevance pour le droit d'introduire les troupeaux dans les pâturages publics. — Ce domaine public, appelé *ager publicus*, prit une extension rapide par suite des conquêtes des armées romaines, et on songea à en tirer un meilleur parti. Moyennant une légère redevance appelée *vectigal*, des portions de l'*ager publicus* furent concédées à des particuliers, mais cette concession avait un caractère essentiellement précaire; le peuple romain était seul propriétaire et pouvait *ad nutum* révoquer la concession quand même le concessionnaire aurait acquitté exactement le *vectigal*.

En fait, ces concessions étaient presque exclusivement accordées aux patriciens, car le Sénat, étant le corps chargé de la gestion des biens de la République, cherchait assez naturellement à conserver aux mains de ses membres cet immense moyen d'influence et de richesses.

Que devint l'*ager publicus* entre leurs mains? Tantôt ils le cultivaient par eux-mêmes au moyen d'esclaves que la victoire leur fournissait alors en abondance, tantôt ils le sous-concédaient aux plébéiens. Ils en arrivèrent peu à peu à s'affranchir de toute redevance et à se considérer comme des véritables propriétaires de l'*ager publicus.*

Le droit de la République n'en était pas moins demeuré intact, et le peuple ne l'ignorait pas. Les fameuses lois agraires ne furent que l'expression des plaintes populaires, que le légitime exercice du droit perpétuel de retrait qui appartenait à la République.

Chez nous, on attribue généralement à ces lois l'idée d'un bouleversement général des propriétés et d'un partage égal entre tous les membres de la société. — Les anciens, au contraire, désignaient par lois agraires une certaine limitation de la propriété foncière, et au lieu de regarder les Gracques comme des factieux, on doit voir en eux des hommes d'Etat qui avaient sur la nature de la société et celle du Gouvernement romain les vues les plus justes et les plus étendues, et qui n'ignoraient pas que la propriété individuelle est le ressort le plus énergique pour faire mouvoir les forces sociales et fécondes de la production.

Il ne faut donc pas voir dans les lois agraires l'explosion de brutales passions démagogiques. Ce qui, au contraire, étonne au plus haut point le lecteur français qui parcourt les annales de Rome, c'est que jamais les agitations de la plèbe ne tournaient contre la propriété privée; ce qu'elle réclamait, c'était son bien, elle ne convoitait pas le bien d'autrui. Pour voir une atteinte portée à la propriété privée, il faut en arriver aux confiscations de Sylla, de César et d'Octave.

Et par qui cette atteinte est-elle portée? Par des soldats heureux récompensant les fatigues de leurs complices.

Mais les patriciens qui comprenaient à merveille que maintenir les plébéiens dans la pauvreté était le seul moyen de perpétuer leur infériorité civile et politique, opposèrent à ces lois une résistance énergique.

Il n'est pas de notre sujet de raconter comment et après combien de luttes obstinées les plébéiens parvinrent à obtenir le droit de participer directement à la location de l'*ager publicus*. Bornons-nous à dire que Sempronius et Tibérius Gracchus périrent massacrés sous la violente réaction de la classe puissante qu'ils avaient osé attaquer. Jusqu'à Cicéron, plusieurs lois agraires furent décrétées : aucune ne fut observée. Aussi le célèbre orateur a-t-il pu nous dire, sans être taxé d'exagération, que, dans le siècle qui précéda la fin de la République, on ne comptait à Rome que deux mille citoyens qui possédassent une fortune indépendante.

Parallèlement à la propriété de la métropole existait la propriété des cités romaines. Ces cités sont propriétaires de la terre qui les entoure. Restée indivise, cette terre est ordinairement concédée à perpétuité moyennant une redevance appelée *vectigal* d'où son nom *ager vectigalis*.

Est-ce aux concessions de l'*ager publicus* ou à celles de l'*ager vectigalis* que nous devons rattacher l'origine de l'emphytéose?

Est-ce au contraire aux concessions des terres provinciales?

Cette question a divisé les meilleurs commentateurs et soulevé parmi eux les plus vives controverses.

Une première opinion soutenue par M. Pepin Le Halleur voit dans les concessions de l'*ager publicus* l'origine de l'emphytéose.

Dans leur lutte contre les patriciens, les plébéiens parvinrent, après de longs efforts, à participer dans une certaine mesure aux concessions de l'*ager publicus*. Ce serait à partir de cette époque, dit M. Pepin Le Halleur, qu'on aurait vu se régulariser la location de ces terres, et que les baux de cent ans et les baux perpétuels auraient fait leur apparition. Plus fréquemment appliqués aux terres du domaine municipal, il n'est cependant pas douteux que les baux perpétuels ne fussent aussi en usage pour les terres du domaine public qui n'étaient pas venues encore se fondre dans le patrimoine de l'empereur. Cette doctrine, d'après ses partisans, est corroborée par un texte de Paul (Fragment 11, § 1, *De publican*). Il est vrai, dit Pepin Le Halleur, que le texte cité semble dire que le droit du concessionnaire était révocable à la volonté du prince; mais il signifie seulement que l'expulsion du fermier dans le cas où elle eût été permise à la cité, ne pouvait être opérée par le curateur qu'en vertu de l'ordre exprès de l'empereur. On peut même admettre, sans témérité, qu'à cette époque les baux perpétuels étaient passés dans les conventions des particuliers. Si les textes n'en font pas mention, c'est qu'en droit, sinon en fait, les concessions de ce genre devaient être assez rares. Il n'a fallu rien moins que les misères du Bas-Empire pour donner naissance à l'emphytéose.

Nous n'admettons pas ce système : d'abord, si haut que l'on remonte, l'emphytéose a pour caractère distinctif la permanence du droit de l'emphytéote s'il acquitte le canon ; or, les concessions de l'*ager publicus* étaient toujours précaires, et jusque sous les empereurs, tant qu'une parcelle de l'*ager publicus* a subsisté, on voit de ces révocations (L. 11, Dig., L. XXI, tit. IV). A moins de vouloir trouver des analogies dans les institutions les plus dissemblables, on ne peut donc admettre que l'emphytéose dérive des concessions de l'*ager publicus*.

Elle ne vient pas davantage de la location de cet *ager*, et jamais, ainsi que le prouve clairement Niebuhr (*Hist. rom.*, p. 187 à 191), les terres de l'*ager publicus* n'ont été l'objet d'aucune « location » de courte ou de longue durée. Les textes, forts rares d'ailleurs, qui unissent ces deux mots, s'appliquent ou bien à de simples concessions essentiellement révocables et par suite ne diffèrent en rien des concessions primitives de l'*ager publicus* (L. 11, liv. 39, Dig., tit. IV), ou à la location non pas des terres de cet *ager*, mais du vectigal dû au fisc par les *possessores* de ces terres et mis à ferme, parce que souvent il était en nature et que le fisc voulait s'éviter une surveillance coûteuse et embarrassante. On nous oppose un texte de Paul ; ce texte serait probant s'il était aussi affirmatif qu'on veut le dire ; mais pour le faire venir à leur aide, les partisans de la doctrine que nous repoussons sont obligés de violenter son sens. Cette loi exige, dit-on, l'autorisation du prince seulement pour permettre au curateur d'expulser le preneur à perpétuité de l'*ager publicus*, s'il n'accomplit pas ses obligations ; ce cas est prévu par le paragraphe 1er de la loi qui précède, et quelque peu partisan que l'on soit du Tribonianisme, on ne doit admettre de répétitions de ce genre que lorsqu'il est impossible de faire autrement, et non pas seulement dans le but de soutenir un système.

Une deuxième opinion tendrait à rattacher l'origine de l'emphytéose aux concessions des terres provinciales. Comme l'*ager publicus*, ces terres, fruit de la conquête romaine, étaient laissées, le plus souvent, entre les mains de leurs anciens propriétaires moyennant une redevance, origine de l'impôt foncier, symbole de la propriété du peuple romain. Seulement cette différence de fait n'avait à l'origine aucune influence sur le droit. Le peuple romain était seul propriétaire et les anciens propriétaires n'étaient que *possessores* de la chose d'autrui.

La possession de ces terres ne se distinguait donc pas
à l'origine de celle de l'*ager publicus* ; précaires toutes
les deux, elles payaient au trésor public un impôt en reconnaissance de son droit de propriété.

Plus tard, il est vrai, sous la protection du droit pré-
torien, les possesseurs des terres provinciales transfor-
mèrent leur condition autrefois si précaire. Ils n'étaient
pas, *domini ex jure quiritum*, mais ils avaient ce que
les interprètes ont appelé le *dominium bonitarium*,
distinction qui est pratique, et grâce aux actions fictives
perdit son importance et fut supprimée par Justinien.
Nous ne pouvons donc voir, dans ce genre de possession, pas plus que dans celui de l'*ager publicus*, le
point du départ de l'emphytéose : s'il en était ainsi,
notre concession ne se distinguerait presque pas de la
propriété, tandis qu'au contraire il est constant qu'à
cette époque, la généralité des jurisconsultes, Gaïus, entre
autres, la considéraient comme une variété de louage.

Jusqu'ici nos recherches n'ont pas abouti : mais ne
devons-nous pas rechercher l'origine de l'emphytéose
dans *jus inagro vectigali*? C'est l'opinion de M. Troplong : le savant auteur s'appuie sur ce fait qu'on ne
rencontre jamais dans les concessions de l'*ager vectigalis* ce caractère de précarité qu'on rencontre toujours
dans les concessions de l'*ager publicus*.

Or, ne semble-t-il pas plus naturel de faire sortir
l'emphytéose de l'*ager vectigalis*, puisque ces deux

contrats se rencontrent sur cette question si importante de la précarité ?

Quant au texte de Paul, il faut l'interpréter dans son sens naturel, c'est-à-dire, que le Prince a toujonrs le droit de révoquer la concession d'un *ager publicus* ; et par ces mots le célèbre jurisconsulte ne fait que constater une règle qui a, de tout temps, existé. — Voilà les raisons qui nous déterminent à pencher pour ce dernier système.

II

THÉORIE DU JUS IN AGRO VECTIGALI.

L'*ager vectigalis* était, ainsi que nous l'avons dit, la terre commune appartenant aux cités. Il était quelquefois centenaire, le plus souvent perpétuel ; et c'était assurément le meilleur moyen d'intéresser le concessionnaire à l'amélioration du fonds, que de lui assurer la jouissance perpétuelle des terres par lui améliorées, pourvu qu'il acquittât régulièrement le vectigal. — Le fonds restait entre ses mains ou celles de ses héritiers.

A la différence de l'usufruitier qui n'acquiert les fruits que par la perception, le concessionnaire d'un *ager vectigalis* les fait siens par la séparation du sol.

Il pouvait engager le fonds, et, en cas d'exploitation en commun, intenter l'action *communi dividundo* contre ses associés. — Les interdits possessoires lui appartenaient aussi, et c'était là une grave inconséquence, car n'étant pas propriétaire et possédant pour la cité, il était investi d'une prérogative qui n'appartient qu'à celui qui possède pour son propre compte.

Une question plus douteuse est celle de savoir s'il avait la *publiciana in rem actio*. — M. Pepin Le Halleur ne l'admet pas. — La loi 12, § 2, Dig., *De publiciana*, seul fragment où il soit question de la *publiciana* appliquée à un *ager vectigalis*, s'occupe, selon lui, du cas où le concessionnaire a acquis un *ager vectigalis*, croyant acquérir un fonds privé et pensant en devenir propriétaire par la tradition qui lui en est faite. — Ce sera comme possesseur de bonne foi tendant à prescrire cette pleine propriété, et non comme concessionnaire d'un *ager vectigalis* tendant à prescrire le *jus in agro vectigali*, qu'il pourra invoquer la *publicienne*.

On fait valoir à l'appui de cette explication les motifs suivants : 1º le texte dit « *ager vectigalis* », et non pas « *jus in agro vectigali* », ce qui montre que le jurisconsulte a voulu parler du fonds lui-même en toute propriété; un *jus in fundo* n'est pas en effet susceptible d'usucapion. Dans la première hypothèse, au contraire, l'usucapion est possible, et c'est pour cela qu'on accorde à l'acheteur la publicienne. — 2º Le mot « forte » qui vient ensuite, se comprend fort bien avec ce système ; il est difficile d'être de bonne foi en achetant, comme particulier, un *ager vectigalis* ; on peut, au contraire, avec la plus parfaite bonne foi, acheter un *jus in agro vectigali* à un tiers possesseur que l'on croit être le vrai concessionnaire. Appliqué à la bonne foi, le mot « forte » ne se comprend plus avec cette deuxième explication.

Nous ne méconnaissons pas la force de ces arguments, — mais tirer tout un système de l'expression « forte » nous semble hasardé; et d'ailleurs, souvent dans les textes, les mots « *ager publicus* » sont employés pour ceux-ci : « *jus in agro vectigali* ».

Mais ce qui nous fait surtout trancher la question en faveur de l'opinion contraire, c'est le paragraphe suivant de la même loi; elle donne une solution identique, « *idemest* » pour le cas d'acquisition *a non domino*, d'un droit de superficie. On ne prétendra pas ici qu'il s'agit de l'achat de la pleine propriété, le texte dit formellement que la superficie a seule été l'objet du contrat. Concluons donc que, dans ces deux cas, il s'agit de l'achat, non de la pleine propriété, mais du *jus in re*, et que l'acheteur *a non domino*, d'un *jus in agro vectigali*, aura la publicienne tout comme l'acheteur d'un droit de superficie.

Le concessionnaire de l'*ager vectigalis* est encore muni de certaines actions généralement réservées au propriétaire. Telles sont les actions *arborum furtim cæsarum et aquæ pluviæ arcendæ.* — Lorsqu'il plaide, il ne doit pas la caution *judicio sistendi causa* et paie les impôts.

Enfin, le concessionnaire d'un *ager vectigalis* transmet son droit à ses héritiers, et ceux-ci peuvent le comprendre parmi les objets de l'action « *familiæ erciscundæ* ». (L. 9, 10, D., *fam. ercisc.*)

Ces droits que nous venons d'énumérer sont d'une telle importance, ils se rapprochent tellement des droits du propriétaire, que les jurisconsultes agitèrent la question de savoir si la concession de l'*ager vectigalis* constituait une vente dont le prix aurait consisté en annuités, ou un simple louage. — Cette opinion ne prévalut pas, et Gaïus (111 et 145) nous déclare, en présentant ce point de droit comme parfaitement tranché de son temps, que la nature du louage prédominait dans les concessions vectigaliennes. Nous appliquerons donc les règles du louage toutes les fois qu'il n'y aura pas été dérogé par des dispositions spéciales. — Ainsi, le concessionnaire ne peut grever le fonds de servitudes, les actions *in rem*, ne pouvant exister qu'en vertu de lois formelles. — Il ne peut aliéner son droit qu'en restant personnellement tenu du paiement du vectigal, et il le perd par le non paiement pendant, deux ans, ce qui était le droit commun en matière de louage. Enfin, le trésor trouvé sur le fonds appartient à la cité concédante, bien que le concessionnaire soit tenu comme possesseur d'acquitter toutes les charges fiscales qui pèsent sur le fonds.

Mais ce mode de jouissance était-il applicable aux terres des particuliers? M. Pepin Le Halleur le croit en se basant sur un texte de Columelle. Mais la lecture attentive de ce texte nous montre qu'il s'agit, dans l'espèce, non d'une concession vectigalienne, mais de baux ordinaires qui ont été renouvelés de père en fils, de sorte que depuis de longues années c'est la même famille qui cultive la même terre, et voici d'ailleurs ce texte :

« Patris familias felicissimum fundum esse, qui colonos indigenas haberet et tanquam in paterna possessione natos, jam indè a cunabulis longâ familiaritate retineret. » (Columelle, lib. I, ch. VII.)

Telles sont les principales règles du contrat intervenu entre la cité propriétaire de l'*ager vectigalis* et le fermier perpétuel ; voyons maintenant par quelle progression ce *jus in agro vectigali,* appliqué aux terres des cités, est devenu le *jus emphyteuticum* appliqué même aux terres des particuliers.

III

PÉRIODE DE TRANSITION DES CONCESSIONS VECTIGALIENNES A L'EMPHYTÉOSE PROPREMENT DITE.

Il semble que, grâce au caractère parfaitement déterminé des concessions vectigaliennes, il ne nous reste plus, pour arriver à notre contrat, qu'a appliquer aux terres des particuliers ce qui se passait dans le domaine des cités romaines. Mais c'est précisément au moment le plus rapproché de l'époque où l'institution apparait, au moment où le mot se rencontre déjà dans les textes, que la confusion et l'obscurité sont portées au plus haut degré.

La République romaine est à terre et l'Empire se montre avec une apparence de grandeur. Un bouleversement complet apparaît alors dans l'organisation territoriale, et ce qui reste de l'*ager publicus* vient se fondre dans l'opulente étendue du domaine impérial ; à peine en existe-t-il quelques débris dans les provinces éloignées, encore voit-on bientôt les princes les enlever aux preneurs pour en doter leurs soldats ; les crimes de lèse-majesté et plus tard d'hérésie', fournirent un excellent moyen de tout adjoindre au patrimoine impérial.

On ne retrouve plus au Code l'expression « *ager vectigalis* » pour désigner les terres du domaine municipal ; mais il y est question de « *prædia civitatum* », et la location perpétuelle de ces terres s'est maintenue. D'*ager publicus*, plus de traces : en revanche, on rencontre les dénominations nouvelles de « *fundi* patrimoniales » « *fundi divini domus* » qui se rapportent à diverses branches du domaine public, désormais distinct du domaine impérial.

Il est vrai que ces distinctions n'existent guère que dans les mots, car le manque absolu de contrôle permet aux empereurs de faire tourner à leur profit les revenus assignés à l'Etat.

Les biens de l'empereur sont immenses ; mais la dépopulation des campagnes, et même des villes, rend ces terres presque partout incultes. Nous assistons alors à cette lutte opiniâtre mais impuissante des empereurs cherchant par tous les moyens à arrêter le mal qui précipite l'empire romain vers sa ruine ; ils songent d'abord à mettre les fonds abandonnés à la charge des curies municipales ou des propriétaires de la cité ; mais cet expédient alla contre son but ; car, en accablant de nouveaux impôts ceux qui cultivaient encore, il devait forcément amener leur désertion prochaine ; ils songent aussi à attirer le cultivateur en lui promettant au bout de deux ans la propriété du fonds qu'il aura remis en culture ; mieux que cela, si le propriétaire refuse de reprendre ses terres abandonnées, ils les adjugent au bout de six mois à celui qui promet de payer « *certum quem tributorum canonem* » ; vains moyens, le mal empirait toujours ; c'étaient les institutions elles-mêmes qui étaient vicieuses, et les empereurs ne les réformaient pas. Ce n'est pas par les lois qu'on régénère un peuple, c'est par les mœurs, a dit Montesquieu.

Un des moyens les plus fréquemment employés par les empereurs pour arriver à faire cultiver leurs terres, fut la concession perpétuelle de partie de leurs domaines. Cette concession ne porte pas le nom de *jus in agro vecti-*

gali qui est réservé aux concessions de terres municipales,
mais le nom seul n'y est pas. La chose y est. Ces
concessions portent le nom de *Jus perpetuum salvo*
canone, ou *perpetuarium,* de *jus privatum salvo*
canone, et enfin de *jus emphyteuticarium* ou *emphy-*
teuticum. C'est la dernière combinaison imaginée par
les empereurs pour repeupler les campagnes : ils savaient
fort bien, en effet, que rien ne porte autant à améliorer
la terre, que le sentiment que l'on en est propriétaire,
et que plus on est rapproché des prérogatives de ce droit
de propriété, plus on travaille avec ardeur ; aussi, dans
de nombreuses constitutions, les princes garantissent-ils
les preneurs tant contre les empiètements des voisins,
que contre les caprices du despotisme lui-même.

Un auteur considérable, M. Vuy, a cru voir dans ces
constitutions la preuve que les concessions du domaine
impérial étaient précaires et révocables, comme autrefois
celles de *l'ager publicus.* La plupart des commentateurs rejettent cette conclusion. Les textes sur le-
quels s'appuie M. Vuy sont loin d'être formels quant
à l'introduction d'un droit nouveau ; ils peuvent très-
bien s'expliquer par ce fait que ces textes s'appliquent
aussi bien aux preneurs temporaires que perpétuels, et
que les empereurs voulaient garantir les preneurs des
augmentations de prix, expulsions, vexations de toutes
sortes des officiers du fisc. Voulant rassurer les fermiers
justement alarmés et leur donner des garanties, les em-

pereurs jugèrent prudent de rappeler les principes les plus élémentaires du droit et de s'interdire à eux-mêmes, dans des constitutions, la faculté de troubler à l'avenir les concessionnaires. Cette explication est confirmée par le rapprochement dans ces constitutions du *jus perpetuum* et du *jus conductionis*, simple louage ; personne ne pourra tirer comme conséquence de ces lois que le louage des terres du domaine impérial était précaire avant leur promulgation ; dès lors si cette conséquence est inadmissible pour le simple louage, pourquoi l'admettre pour l'autre genre de concession dont il est parlé ?

Examinons maintenant rapidement ces concessions perpétuelles faites aux fermiers des terres impériales et dénommées tantôt *jus privatum salvo canone*, tantôt *jus perpetuum salvo canone*, tantôt enfin *jus emphyteuticum*.

Et d'abord, ces expressions sont-elles synonymes ou se rapportent-elles chacune à un droit d'une nature différente ?

Nous ne pensons pas qu'il y ait lieu de distinguer les deux dernières, une constitution (Lib. 1, C., tit. 34) des empereurs Arcadius et Honorius décidant qu'elles sont identiques : en est-il de même des deux premières ? MM. Vuy et Troplong le pensent, ou du moins ne font aucune distinction entre elles. M. Pepin Le Halleur, au contraire, a cru découvrir, dans différents textes qui traitent de ces droits, une distinction radicale. D'après lui, le *jus privatum* contiendrait quelque chose de plus que le *jus perpetuum,* et il répond à l'objection tirée de la loi 7 du Code de Justinien, *De omni agro deserto,* qui applique la même règle aux deux droits pour le cas où une personne aurait mis en culture un terrain abandonné du domaine impérial : ils ne sont pas de nature différente, mais le premier est plus étendu.

Ainsi, d'après cet auteur, le *jus privatum salvo canone* se rapporterait au cas de l'aliénation d'un fonds du domaine impérial moyennant un prix payé comptant, et, de plus, moyennant une redevance perpétuelle. Le *jus perpetuum salvo canone,* au contraire, ne constituerait pas une vente; ce serait la concession à perpétuité de la jouissance d'un fonds moyennant une redevance annuelle.

Cette distinction résulterait : des lois (9 et 10, C. Just., *De fund. patr.*) où il est question des *fundi* du domaine impérial, *empti privato jure salvo canone,* qui ne doivent plus être mis au nombre des *fundi patrimoniales,* terres appartenant au domaine impérial; de la loi 13 (C. Just., *De fund. patr.*), où parlant de l'aliénation de terres du domaine impérial faite *salvo canone,* il est dit que c'est *ad jus transferre privatum;* et de la loi 7 (C. Just., *De fund. rei privatœ*) qui défend l'aliénation des *fundi rei dominicœ,* terres du domaine public de l'État, *demupto canone,* et la permet par suite « *salvo canone* ».

Il résulte de ces différents textes que : 1° l'aliénation des terres du domaine public impérial était prohibée quand elle était pure et simple, permise, *salvo canone;* qu'il en était de même du domaine privé des empereurs *per tractum orientis;* 2° que cette aliénation, avec réserve d'un canon perpétuel destiné à enrichir le fisc impérial, prenait le nom de *jus privatum;* 3° enfin que, étant une aliénation, elle constituait un droit différent du *jus perpetuum salvo canone,* qui laissait les fonds concédés *conditione propria constituti.* Nous trouvons cette théorie fort séduisante et très en rapport avec la situation de l'Empire à ce moment. Le luxe de la Cour, les amusements du peuple, l'entretien d'armées nombreuses étaient bien faits pour creuser dans le trésor impérial des vides profonds; c'est alors que, pressés par le besoin d'argent, les empereurs aliénaient des portions du domaine impérial, qui devenait la propriété privée de l'acquéreur *(jus privatum)*; mais pour se protéger eux-mêmes contre leurs propres gaspillages, ils voulaient qu'une portion du prix consistât dans une redevance annuelle et perpétuelle *(salvo canone)*.

Le *jus privatum* ne doit donc pas être regardé comme un des progrès de la législation romaine vers l'emphytéose. C'était le droit de propriété véritable. L'acheteur avait la propriété des esclaves attachés au fonds, et il avait la faculté de les affranchir sans aucune autorisation de l'État.

Partant de la même idée que l'acheteur est propriétaire, nous déciderons qu'il est tenu des charges fiscales et du paiement de l'impôt foncier. On comprend l'importance d'une pareille décision, quand on songe que l'impôt perçu sur les propriétaires des *fundi patrimoniales empti jure privato salvo canone* venait dégrever d'autant les autres propriétaires, et, par conséquent, alléger de beaucoup les charges de ces derniers.

La situation des propriétaires d'un fonds ordinaire et celle des concessionnaires des *fundi patrimoniales empti jure privato* présentait cependant quelques différences ; et la loi 2, C. Just., *De fund. rei priv.,* et la loi 11, C. Just., *De omni agro desert.,* décident que les propriétaires qui auraient fait des améliorations sur leurs fonds seraient affranchis de toute redevance supplémentaire, même d'une augmentation de capitation au cas où elle viendrait à se produire.

Nous devons considérer ce fait comme une sorte de forfait sur la quotité de l'impôt passé entre le fisc et l'acheteur.

En quittant le *jus privatum salvo canone* pour aborder le *jus perpetuum salvo canone,* nous ne trouvons plus la position des parties clairement établie.

Ce qui est incontestable, c'est que le *perpetuarius* n'est pas propriétaire ; le domaine impérial conserve la pleine propriété du bien, et le concessionnaire n'a qu'un simple droit de jouissance. Toutefois, comme ce droit est perpétuel, les droits du *perpetuarius* étaient fort étendus et se rapprochaient souvent de la véritable propriété.

Pourvu qu'il mît la chose en bon état de culture, il pouvait employer le mode de jouissance qui lui convenait le mieux. Il avait le droit d'aliéner, mais il restait responsable envers l'État du paiement de la redevance annuelle tant qu'il n'avait pas obtenu de l'État novation par changement de débiteur.

Une constitution de Constantin sur ce droit d'aliéner du *perpetuarius* a jeté quelque trouble parmi les commentateurs. Voici cette constitution : « *Si quis fundos emphyteutici juris salva lege fisci citra judicis auctoritatem donaverit donationes firmæ sint dummodo suis quibusque temporibus ea, quæ fisco pensitenda sunt repræsentare cogatur.* » Comme dans ce texte il n'est question que de la donation, on a voulu en conclure que le *perpetuarius* ne pouvait aliéner que par donation. Cette opinion trouve une contradiction formelle dans tous les textes qui, en mains endroits, parlent de la responsabilité du *perpetuarius* en cas d'aliénation du fonds concédé, mais sans jamais établir de distinction entre les divers modes de cession.

Cujas a présenté une autre explication de ce texte : D'après lui, l'aliénation sans l'autorisation du juge ne serait permise qu'au cas de donation. Dans tous les autres cas, même autorisé par le juge, le vendeur resterait tenu personnellement du paiement du canon.

Nous repoussons cette interprétation comme contraire au texte et comme ayant pour résultat de mettre sur la même ligne le vendeur autorisé et le donateur non autorisé, lorsque au contraire, dans toutes les législations, la loi rend les ventes plus faciles et moins onéreuses que les donations.

Nous croyons que Constantin a parlé de la donation sans y attacher d'autre importance et sans vouloir faire la distinction entre les divers modes d'aliénation.

Quant aux formes de l'autorisation, les textes ne nous indiquent pas si le juge peut l'accorder ou la refuser à son gré ; s'il est au contraire lié par certaines règles ; et nous nous rallions volontiers à l'opinion de M. Le Halleur, d'après lequel tout était laissé à l'arbitraire du juge, représentant légal du propriétaire, l'empereur. Cette explication est d'autant plus plausible, qu'elle nous explique une mesure prise par Justinien à une époque postérieure, fixant au cinquantième de la valeur du fonds le droit que le propriétaire pouvait exiger en retour de son autorisation.

Le *perpetuarius* n'a pas le droit d'affranchir les esclaves du fonds, et il est assujetti au paiement d'un canon qui consiste partie en denrées et partie en espèces monnayées.

Il était de plus contraint de prendre à sa charge une partie des terres incultes qui l'entouraient et de les cul-

tiver en même temps que ses propres biens. Cette
mesure était bonne et aurait certainement relevé l'agriculture si l'Empire romain n'eût pas été dès lors frappé
au cœur d'une irrémédiable décadence.

Le *perpetuarius* doit-il les impôts, et en particulier
l'impôt foncier? Certes, l'analogie la plus grande existe
entre notre *perpetuarius* et le concessionnaire d'un
ager vectigalis, qui en était certainement tenu; mais le
caractère de la terre concédée était différent : de là la
difficulté. Un texte nous tire d'embarras en ce qui concerne les *fundi rei privatæ.*

Lorsque la concession portait sur un fonds de cette
nature, le *perpetuarius* devait payer l'impôt foncier.
Cela résulte de la loi 1 (C. Théod., *De ann. et trib.*),
et le texte est si net qu'il ne saurait y avoir de doute
sur une pareille question. Quant aux *fundi patrimoniales,* la solution est plus difficile en l'absence de textes
formels, et les données historiques se contredisant.

Les historiens, en effet, sont unanimes à constater
qu'à cette époque toute distinction réelle avait disparu
entre les *fundi patrimoniales* et les *fundi rei privatæ,* aussi bien qu'entre le *fisc* et l'*œrarium;* ce qui
détruit l'opinion de ceux qui croient devoir s'en rapporter strictement au texte de la constitution citée quelques
lignes plus haut, et par conséquent soumettre les seuls
fundi rei privatæ au paiement de l'impôt. D'un autre
côté, si l'on remarque que les *fundi patrimoniales* ne

se distinguent pas à cette époque des *fundi rei privatœ*, on se trouve en contradiction formelle avec la distinction que font les textes de ces deux genres de biens.

Tout cela est fort embarrassant, et il nous paraît difficile de prendre parti. Peut-être se pourrait-il que, dans l'état de bouleversement où se trouvait l'Empire romain, la même question ait reçu des solutions absolument opposées suivant les influences du moment.

Jusqu'ici, nous n'avons parlé que de l'impôt foncier ; mais, outre cette charge, les particuliers avaient encore à supporter le fardeau de l'*annona* et de *extraordinaria sive sordida munera*.

L'*annona* était un impôt en nature ayant pour but d'approvisionner Rome, Constantinople et les armées romaines. Les *extraordinaria sive sordida munera* avaient surtout pour but de subvenir à l'entretien des routes, des ponts, etc., etc.

Le premier de ces impôts devait être supporté par tous les citoyens, et le *perpetuarius* n'en était pas exempt. Quant au *sordida munera*, il n'y a pas à donner de règle absolue relativement à la position dans laquelle se trouvaient vis-à-vis d'eux les *fundi patrimoniales*, et on peut supposer que quelques-unes de ces charges s'appliquaient aux *fundi patrimoniales*, tandis que d'autres leur étaient complètement étrangères.

Pour ce qui est des *fundi rei privatœ*, une constitution de l'empereur Constance les exempte de toute charge rela-

tive au *sordida numera*. Le Code théodosien, au contraire, décide, sans qu'il puisse y avoir le moindre doute
à ce sujet, que les *perpetuarii* sont tenus de l'entretien
des routes, sans aucune distinction. Ainsi, dans le dernier état du droit, tous les fonds, aussi bien les *fundi
patrimoniales* que les *fundi rei privatœ,* étaient soumis à la prestation de tous les *munera extraordinaria.*
L'Etat, obéré comme il était à cette époque, devait bien
se garder, en effet, de les affranchir d'une obligation si
précieuse pour lui; alors qu'au moyen de ces charges
accessoires, il allégeait d'autant son propre budget. Il
n'osa cependant pas aller jusqu'à frapper le *perpetuarii*
de l'impôt foncier, ce qui aurait pu paraître trop injuste.

Après avoir traité du *jus privatum* et du *jus perpetuum*, nous sommes arrivés au point de cette étude
où nous devons aborder le véritable contrat d'emphytéose tel que nous le rencontrons dans les textes. —
L'emphythéose sortit en quelque sorte, sans qu'on s'en
aperçût, des deux droits précités ; mais ce fut plutôt
un des nombreux moyens dont l'administration du Bas-
Empire se servit pour rendre un peu de vitalité à ce
grand corps de l'Empire Romain ruiné par la fiscalité.
Mais le trône de Byzance ne devait pas réussir à rendre
à une nation languissante cette « *meus quœ agitat
molen* », suivant l'expression de Virgile.

CHAPITRE II

DE L'EMPHYTÉOSE DEPUIS ZÉNON.

I

Le document le plus précieux sur la nature de l'emphytéose est une constitution de Zénon (L. 1, C., *De
jure emphyteutico*), qu'eu égard à son importance
nous ne pouvons nous dispenser de transcrire :

« Jus emphyteuticarium neque conductionis, neque
» alienationis esse titulis adjiciendum; sed hoc jus ter-
» tium esse constituimus ab utriusque memoratorum
» contractuum societate seu similitudine separatum
» conceptionem item definitionemque habere propriam,
» et justum esse validumque contractum in quo cuncta,
» quæ inter utrasque contrahentium partes super om-
» nibus, vel etiam fortuitis casibus, pactionibus, scriptura
» interveniente, habitis placuerint, firma illibataque per-
» petua stabilitate modis omnibus debeant custodiri; ita
» est, si interdum ea, quæ fortuitis casibus eveniunt,
» pactorum non fuerint conventione suscepta, siquidem
» tanta emerserit clades quæ prorsus etiam ipsius rei quæ

» per emphyteusim data est faciat interitum, hoc non
» emphyteuticario cui nihil reliquum permansit, sed rei
» domino qui quod fatalitate ingruebat, etiam nullo inter-
» cedente contractu habiturus fuerat, imputetur. Sin vero,
» particulare vel aliud leve contigerit damnum, ex quo
» non ipsa rei penitus lædatur substantia, hoc emphy-
» teuticarius suis partibus non dubitet adscribendum. »

L'empereur Zénon a sans doute fait son possible pour
déterminer dans ce texte la nature de l'emphytéose, mais
il ne l'a pas fait avec tant de bonheur qu'il ait prévenu
tout débat ultérieur. Il distingue avec beaucoup de soin
ce nouveau contrat de la vente et du louage ; il nous dit
avec précision ce qu'il n'est pas ; mais ce qu'il est, quelle
est sa nature, pas un mot. — C'était cependant le seul
moyen de faire cesser le doute et d'éviter la controverse.

Et d'abord on est tout surpris de voir Zénon, dès les
premiers mots de sa constitution, trancher une question
que Gaïus nous présente comme parfaitement résolue de
son temps en ce qui concerne le *jus in agro vectigali*.
On s'accordait alors à ne reconnaitre dans ce contrat
qu'une particularité du contrat de louage ; et il est certain,
d'autre part, que dans le Bas-Empire, on n'a pas eu sur
l'emphytéose et sa nature des idées différentes de celles
des jurisconsultes classiques sur la nature des concessions vectigaliennes perpétuelles : quel est donc le mot
de cette énigme ?

D'après M. Pepin Le Halleur, la seule explication

4

possible, dans cette controverse, serait de supposer que :
« Lorsque les particuliers empruntèrent à l'administration du domaine impérial l'usage des concessions à perpétuité de la jouissance de leurs fonds, on dut se demander s'il n'y avait pas une différence grave entre la
portée d'une semblable concession lorsqu'elle émane
d'un particulier ou lorsqu'elle émane de l'Etat, et, par
suite, si c'était le *jus privatum* ou le *jus perpetuum*
qui devait servir de type au nouveau droit. »

M. Troplong, au contraire, explique la nécessité de la
constitution de Zénon par les prétentions contraires qui
s'élevèrent entre concédants et concessionnaires dès que
le droit de créer des emphytéoses fut ouvert aux particuliers. Tant que les concessionnaires n'avaient eu à faire
qu'au fisc, ils n'avaient pas essayé d'améliorer leur position à ses dépens; et ce contrat, resté fermé aux particuliers, on put appliquer aux concessionnaires d'un *jus
perpetuum seu emphyteuticum* la règle déjà indiquée
dans l'étude de l'*ager vectigalis* : ils étaient simples
locataires et en avaient les droits comme les obligations,
sauf les différences formellement écrites dans la loi.
Mais dès que l'emphytéose devint un contrat permis aux
particuliers, chacun voulut tirer le plus grand parti possible du fonds. De là, des prétentions contraires qui re-
nouvelèrent les luttes anciennes sur la nature du contrat, et rendirent nécessaire un texte législatif qui fut la
constitution de Zénon.

Ces systèmes sont également admissibles, mais peut-
être serait-il plus simple de supposer que la controverse
n'était pas aussi complètement terminée que Gaïus se
plaît à le dire.

Ce qu'il y a de certain, c'est que Zénon, tout en
croyant donner une définition complète de la nature de
l'emphytéose, n'a réussi qu'à nous dire que ce contrat
n'était ni une vente ni une location, mais qu'il jouissait
d'une nature propre.

Quelle était cette nature propre? Voilà ce qu'il a ou-
blié de nous déclarer, et ce qui aurait évité bien des
controverses.

La première opinion qui se soit formée sur la nature
du droit de l'emphytéose est celle des Glossateurs. Ces
premiers venus dans la science du Droit romain, dont
les nombreuses erreurs ne doivent pas faire oublier les
immenses services, trouvant dans le Droit romain des
textes qui réservaient le *dominium* au concédant, tandis que d'autres qualifiaient aussi le concessionnaire de
dominus, appliquèrent à cette matière la théorie féodale
du *dominium directum* et du *dominium utile*, et
crurent ainsi échapper à la contradiction. Peut-être
aussi cette opinion leur fut-elle suggérée par cette considération que le *dominus* a l'action *in rem directa*, et
l'emphytéose l'action *utile*.

Nous n'avons pas à démontrer combien une semblable
théorie est empreinte d'erreurs : la simple inspection de

la législation romaine fait immédiatement rejeter de semblables utopies, à Rome on est propriétaire complet ou on ne l'est pas. N'exagérons pas cependant la portée de cette erreur que Donneau caractérise si impartialement après l'avoir vivement combattue : « *Fatendum* » *est Jus emphyteuticarii esse domino proximum, et* » *ipsum quasi dominium quemdam fundi. Nec* » *alind interpretes puto sentire, cum hujus dominium vocant utile, propter actionem in rem utilem* » *quæ hujus dominii nomine ei competit. Verbo* » *quidem parum apto, et juris auctoribus incognito,* » *divisione generi quod dividunt nullo modo con* » *veniente utuntur interpretes.* »

Cujas et Donneau , à l'opinion desquels se sont rattachés MM. Troplong, de Savigny, Thibaut et Pepin Le Halleur, rejettent la distinction des Glossateurs comme ne se trouvant pas, en Droit romain, où les fictions de propriété directe et de propriété utile n'ont jamais été connues; c'est au droit féodal qu'il faut laisser le mérite de cette invention.

Quant à la nature de l'emphytéose, c'est un *jus in re alienâ*, un *jus servitutis,* et nullement un *dominium*, ce qui est prouvé par l'emploi des mots : « *Conductor, conduxerunt*, etc..... » appliqués à l'emphytéote et mis en opposition avec le mot « *dominus* » appliqué au concédant.

Il ne faut rien conclure contre cette opinion de la

loi 12 du Code *De fundis patrimonialibus,* qui appelle les *emphyteuticarii, fundorum domini.* Elle se rapporte au *jus privatum salvo canone;* elle assimile à ceux qui le possèdent les emphytéotes du domaine impérial pour l'affranchissement des esclaves, et leur donne, en passant, ce nom de *fundorum domini,* auquel il ne faut pas attacher une portée législative. D'autres textes qualifient aussi l'emphytéote de *dominus,* et cette erreur de langage se comprend presque de la part de jurisconsultes romains, si l'on songe aux prérogatives nombreuses dont l'emphytéote est investi : actions fictives pour rentrer dans sa jouissence, droit d'aliéner, d'hypothéquer, mise à sa charge des pertes partielles. Mais il y a encore loin de là à la propriété, et le Cap. I, Nov. VII de Just., en disant que « *non procul ale alienatione constat* » démontre que ce n'est qu'un *jus in re alienâ.*

II

DROITS ET DEVOIRS DE L'EMPHYTÉOTE

Nous devons nous demander maintenant quels sont les caractères de l'emphytéose depuis la constitution de Zénon.

Cette constitution a tranché plusieurs questions con-

troversées : 1º elle a fait de l'emphytéose un contrat *sui
generis;* 2º elle a mis à la charge du preneur la perte
partielle ; 3º elle a mis à la charge du concédant la perte
totale. A l'égard des autres questions, elle a laissé subsister les anciennes controverses que plus tard Justinien
a fait cesser en partie.

Et d'abord l'emphytéote a sur le fonds le droit de
jouissance le plus étendu : il peut retirer du fonds toute
l'utilité qu'il est susceptible de donner et changer son
mode de culture ; comme le *conductor* d'un *ager vectigalis,* il fait les fruits siens, à la différence de l'usufruitier, par la seule séparation du sol.

Devons-nous aller plus loin et décider que, vu la perpétuité de la concession, il a le droit de changer la
substance de la chose ? Nous ne le pensons pas, car ce
serait faire disparaître toute différence entre l'emphytéote et le propriétaire, tandis qu'au contraire, la constitution de Zénon distingue soigneusement l'emphytéose
de la vente. D'ailleurs, par suite de la déchéance de
l'emphytéote, le fonds peut faire retour au propriétaire,
et l'on comprend l'intérêt qu'a ce dernier à ne pas voir
détruire la substance de sa chose.

Quant au trésor découvert dans le fonds emphytéotique, on ne voit pas à quel titre il pourrait appartenir à
l'emphytéote. — Ce n'est pas un fruit, ce n'est pas davantage un produit de l'exploitation : c'est un objet dont
les souvenirs de propriété sont effacés, qui doit suivre le

sort des *res nullius*, et rester, comme par accession, propriétaire du sol.

Nous ne reconnaissons pas à l'emphitéote le droit d'affranchir les esclaves du fonds. Cette faculté n'appartenait pas à l'emphytéote des terres du domaine impérial. —Pourquoi l'attribuer à l'emphytéote d'un fonds privé ? C'est pourtant ce qu'a fait Cujas, en se basant sur la Constitution 12, C. J., *De fund. patrim.* Le savant interprète voit dans le droit d'affranchir les esclaves l'attribut essentiel qui distingue l'emphitéote du *perpetuarius*; ce ne peut être que le résultat d'une confusion, car le texte précité dispose pour le cas où il y a *jus privatum*, c'est-à-dire propriété.

L'emphytéote ne peut pas constituer de servitudes sur le fonds. — Nous l'avons déjà dit, à propos de l'*ager vectigalis* : la loi seule peut créer des droits réels et accorder des actions réelles. Elle a donné une action de ce genre au concessionnaire, mais ne lui a pas permis de diviser son droit en d'autres droits réels; cette prohibition, d'ailleurs, concorde fort bien avec l'obligation de ne pas détériorer, car la plupart des servitudes, à supposer même qu'elles eussent pris fin avec la concession, auraient cependant causé au fond un tort considérable.

Il a le droit d'engager le fonds emphytéotique et de le grever d'hypothèque. — Mais l'hypothèque et le gage devront disparaître avec l'emphythéose.

Si nous passons maintenant à l'examen des obligations de l'emphytéote, nous voyons qu'il doit supporter intégralement tous les impôts qui pèsent sur le fonds, aussi bien le *tributum* que *l'annona* et les *sordida munera*.

L'emphytéote est tenu de toutes ces charges, tant vis-à-vis du fisc, qui peut le poursuivre directement, que vis-à-vis de son propriétaire, qu'il doit rendre indemne de toute poursuite.

En acquittant un impôt on pouvait exiger un reçu appelé *publicarum functionum apocha*. — L'emphytéote peut en demander un pour lui, s'il est soigneux, pour ne pas se trouver obligé de payer deux fois, mais il a droit d'exiger une seconde *apocha* pour son propriétaire, afin de garantir ce dernier du danger de payer des impôts déjà acquittés, s'il rentre en possession du fonds. — L'emphytéote doit non-seulement les impôts échus depuis qu'il possède le fonds, mais ceux échus avant son entrée en jouissance. — Ces charges pèsent sur le fonds qui les doit; tout possesseur est tenu de les acquitter, et, par conséquent, aussi, l'emphytéote qui est possesseur.

La deuxième obligation de l'emphytéote, c'est de payer exactement le canon, c'est-à-dire la redevance annuelle convenue entre les contractants. On connaît assez les raisons qui ont donné naissance à l'emphytéose pour comprendre que ce canon était toujours de beaucoup inférieur au produit du fonds.

La constitution nous déclare que la quotité du canon
était invariable, soit que le fonds vînt à subir des améliorations, soit qu'il souffrît des dépréciations par cas
fortuit. C'était une différence remarquable avec le contrat de louage dans lequel le loyer suivait les fluctua-
tions du fonds. — Cette décision était loin d'être favorable à l'emphytéote, et c'est probablement comme compensation que la constitution de Zénon décide qu'en
cas de perte totale l'emphytéote n'aura plus à acquitter
le canon. — Preuve évidente qne l'emphytéose n'avait
pas plus de rapport avec la vente qu'avec le louage
puisque dans le cas de vente, le canon, représentation
du prix d'achat, aurait dû se perpétuer malgré l'extinction du droit.

En cas de stérilité du fonds, *quid?* — Faut-il appliquer la règle à laquelle était soumis le *conductor* de
l'*ager vectigalis* qui se trouvait dans ce cas, dispensé
du vectigal? Cela semble difficile si l'on songe que la
concession vectigalienne participait, au temps des Gaïus
du moins, de la nature et des règles de la location, et
qu'on n'avait qu'à lui appliquer purement et simplement
la théorie du louage. Or, ces règles, nous ne pouvons
pas les appliquer à l'emphytéose, qui est un contrat
d'une nature toute spéciale.

D'ailleurs, les textes nous disent que la remise accor-
dée aux concessionnaires, pour la stérilité d'une année,
n'est que temporaire et se trouve supprimée, si les an-

nées qui suivent sont abondantes. — Cette théorie, transportée dans l'emphytéose, ne produira donc aucun résultat sérieux, car, la jouissance étant en général perpétuelle, il est impossible que des années fertiles ne viennent pas rétablir l'équilibre et compenser les années stériles.

Quid, dans le cas de pertes extraordinaires, telles qu'une invasion ennemie, une inondation ? — Certains auteurs ont pensé qu'il y avait lieu à remise du canon. —Ce n'est pas notre avis, car ce serait appliquer à l'emphytéose la règle du louage, qui veut que le canon ne soit pas payé par suite de la non jouissance du fonds. Or, ne nous lassons pas de le dire, le contrat emphytéotique n'est pas plus un louage qu'une vente, et il y aurait inconséquence à lui appliquer, dans une espèce quelconque, les règles de la location.

L'emphytéote doit enfin entretenir le fonds, ce qui est assez naturel, puisque les dépenses d'entretien sont généralement des charges de la jouissance. Il est également certain que l'emphytéote peut faire sur le fonds toutes les améliorations qu'il lui plaira ; seulement, qu'adviendra-t-il si le contrat vient à se dissoudre ? Supposons qu'il ait construit des bâtiments, effectué des travaux d'irrigation qui font maintenant partie intégrante du sol, devra-t-il livrer le tout au propriétaire sans exiger, au moins, l'équivalent de la plus-value ?

Jusqu'à Justinien, aucune décision législative n'était

intervenue sur ce point ; mais nous trouvons au Code (L. 3, C. J., *De jure emphyteutico*) la solution de notre question pour un cas spécial : quand la déchéance est prononcée à titre de peine contre l'emphytéote, toutes les améliorations passent au propriétaire sans indemnité. — Seulement, dans l'espèce, il s'agit d'une peine, et nous ne devons pas étendre ce cas ; si donc il s'agit de la cessation du droit par l'arrivée du terme, par exemple, nous ne voyons aucune raison pour traiter l'emphytéote plus mal que le possesseur de bonne foi. (Accarias, Droit romain, n° 212) ; et il pourra, au moyen de l'exception de dol, se faire rembourser les dépenses nécessaires intégralement et les dépenses utiles au prorata de la plus-value.

Nous venons d'examiner les droits et les obligations de l'emphytéote ; comment peut-il les exercer ?

L'emphytéote a une action réelle, non-seulement contre les tiers, mais encore contre le propriétaire lui-même, pour faire respecter son droit. Aucun texte, il est vrai, ne lui accorde cette action, mais on l'accordait au concessionnaire de *l'ager vectigalis,* et nous savons que l'analogie entre les deux situations était telle que Justinien n'a pas hésité à les identifier.

L'emphytéote n'est pas possesseur puisqu'il lui manque une qualité essentielle, *l'animus domini.* — Lui accorderons-nous, comme au concessionnaire de l'*ager vectigalis,* les interdits possessoires ? Oui, car par une faveur toute spéciale le Droit romain lui reconnaissait les droits d'un possesseur. (L. XV, § 1, 2, 8.)

Dans le cas où le propriétaire n'exécuterait pas toutes les clauses de la convention, on donne à l'emphytéote l'action *emphyteuticaria directa*, action de bonne foi née de la convention. — Le propriétaire a, de son côté, contre l'emphytéote l'action *emphyteuticaria* contraire.

III

DES MODES D'ÉTABLISSEMENT DE L'EMPHYTÉOSE.

Le mode le plus usuel de l'établissement de l'emphytéose était le contrat. Aucune controverse n'est possible sur ce point. Mais on s'est demandé si l'écriture dans ce contrat intervient *ad solemnitatem* ou seulement *ad probationem*. La majorité des auteurs, se basant sur l'étroite parenté qui unit l'emphytéose à la vente et au louage, contrats consensuels, considérant, en outre, que la place qu'occupe au Code, le titre de *jure emphyteutico*, semble indiquer qu'il n'y a rien de changé, par suite de la législation nouvelle, pense que l'écriture n'intervient qu'*ad probationem*.

Cette opinion n'est cependant pas unanime, et la raison

de douter nous est fournie par la constitution de Zénon, elle-même. Parlant des modalités apportées par les parties au contrat, Zénon affirme leur validité *scripturâ interveniente;* Donneau a conclu, de ces mots, que l'écriture est nécessaire à l'existence même du contrat. Nous ne leur croyons pas l'importance qu'on leur attribue, et leur valeur se trouve de beaucoup diminuée, si l'on en croit Cujas, d'après lequel les mots *scripturâ interveniente* ne se trouveraient pas aux basiliques, ce qui ferait croire à une interpolation.

On a également voulu argumenter en faveur de la nécessité de l'écriture de la Novelle 120, qui exige effectivement l'écriture pour les emphytéoses ecclésiastiques. Mais on remarquera que les emphytéoses des biens ecclésiastiques sont tout à fait exceptionnelles : elles sont entourées de règles nombreuses et spéciales que rien ne nous autorise à transporter dans le domaine des emphytéoses ordinaires.

Ainsi, le contrat d'emphytéose est formé dès que les parties sont tombées d'accord. Mais nous savons que le contrat, en Droit romain, servait à créer des obligations personnelles, mais ne pouvait servir à transférer un droit réel ; la tradition était indispensable. Ainsi, tant que le maître n'avait pas fait la tradition à l'emphytéote, il pouvait valablement disposer de la chose. Ce n'est l'avis ni de Warnkœnig ni de Maynz, qui se fondent sur ce que les textes n'exigent nulle part la tradition. Mais on conviendra que lorsque les principes parlent si haut, on n'a que faire des textes.

De plus, dit Warnkœnig, on assimile l'emphytéose à un *jus in re alienâ* ; or, la tradition n'est requise que dans le transfert de la propriété, nullement pour les autres *jura in re*. Cette allégation se réfère au système qui prétend que les servitudes prédiales peuvent se constituer *pactis ac stipulationibus*. Or, Accarias (n°s 271 et 278) démontre fort bien que les pactes et les stipulations n'ont pas l'effet qu'on veut leur attribuer. Pour transmettre les servitudes et l'usufruit, la quasi tradition est nécessaire, et nous pensons qu'il en est de même pour l'emphytéose.

De l'avis unanime des auteurs, l'emphytéose pouvait s'établir par testament. Mais dans le cas d'un legs d'emphytéose, le droit reste en suspens jusqu'au moment de l'adition d'hérédité, et, de plus, jusqu'au moment où le légataire accepte l'obligation de payer le canon dont le montant a dû être fixé par le *cujus*.

Une question qui a donné lieu aux solutions les plus discordantes, est celle de savoir si l'emphytéose peut s'acquérir par prescription ?

Un point est hors de doute : c'est qu'au bout de trente ans, le propriétaire n'a plus le droit de réclamer à l'emphytéote les redevances qu'il a négligé de demander. Pour ce qui est du droit d'emphytéose lui-même, certains auteurs lui font l'application de la constitution d'Anastase qui avait établi une prescription de trente ou quarante ans. C'est peut-être exagérer la portée de cette constitution. Quel était, en effet, son but? De fournir une exception à quiconque n'en n'ayant point d'après le droit commun, a possédé sans trouble pendant le temps requis. Toute action tendant à priver le possesseur de la jouissance de la chose, sera alors repoussée victorieusement ; mais le possesseur n'aura pas l'action *in rem* pour recouvrer la chose s'il vient à perdre lui-même sa possession. Tel est le cas de celui qui aura possédé sans titre, pendant quarante ans un fonds, *jure emphiteutico*. La question n'est donc pas tranchée, et il faut rechercher si la possession *jure emphyteutico* peut donner une action réelle au possesseur.

Remarquons d'abord qu'une des conditions essentielles de l'emphytéose consiste dans l'obligation de payer un canon annuel. Or, comme cette condition ne peut être détachée de l'emphytéose, on est forcé d'admettre que le possesseur se trouvera grevé de l'autorisation personnelle de payer le canon, si on lui reconnaît le droit d'acquérir par sa possession, les droits réels et les actions dont se compose le bail emphytéotique. Or, comment admettre qu'une possession, aussi longue quelle soit, devienne pour le possesseur la source d'une obligation ? Et comme le dit fort bien M. Accarias (Droit romain, II, n° 490), est-il admissible qu'une modification `dans les relations entre les personnes et une chose, puisse, à elle seule, entraîner une modification dans les relations entre deux personnes? Tel est le motif irréfutable, selon nous, qui nous fait repousser toute idée d'usucapion en matière d'emphytéose et que n'ont pas combattu les auteurs qui déclarent l'emphytéose activement prescriptible.

Les auteurs qui soutiennent l'opinion contraire s'appuient sur l'analogie existant entre l'emphytéose et les servitudes. Il faut pour cela qu'ils supposent les servitudes susceptibles d'usucapion, ce qui est loin dêtre démontré, et qu'ils ne considèrent qu'un des côtés de l'emphytéose, le *jus in re*, sans faire attention à l'obligation qui s'y trouve jointe.

Une dernière objection nous est encore opposée : elle prend son fondement dans ce fait, que les textes accordent la publicienne à l'emphytéote. Or, comme l'action publicienne ne se donne qu'à celui qui est en train de prescrire, il est clair, dit-on, que puisqu'elle est concédée à l'emphytéote, c'est qu'il est en voie de prescrire. La réponse est facile : Nous sommes ici en présence d'une exception, et cette même exception existe en faveur de l'usufruitier. Entraîné par l'analogie de motifs, le prêteur n'aura pas hésité à assimiler l'emphytéose à l'usufruit, pour donner dans ces deux cas une décision exceptionnelle. Seulement, ni le propriétaire ni le véritable emphytéote n'auront à craindre cette action publicienne ; ils pourront la repousser, le premier, par l'exception *justi dominii*, et le second par une exception de même nature, et la publicienne n'aura d'utilité que contre les tiers.

En résumé, il n'y a, selon nous, que le contrat et le testament qui puissent donner naissance à l'emphytéose.

§ IV

DES MODES DE TRANSMISSION.

Après avoir recherché les modes de constitution de l'emphytéose, étudions maintenant les modes de transmission de ce contrat, soit entre-vifs, soit après décès.

La constitution de Zénon est absolument muette sur ce point important, ce qui donne à penser que l'empereur s'en référait à ce qui se passait antérieurement. Or, il est hors de doute que le *perpetuarius* et l'emphytéote domanial avaient déjà la faculté d'aliéner leur droit sur le fonds ; seulement, pour le propriétaire, c'était une *res inter alios acta,* et il continuait à s'adresser à la même personne pour le paiement des redevances.

C'était une position fâcheuse pour l'ancien emphytéote qui ne pouvait se débarrasser complètement des conséquences de son contrat primitif — et il dut en être de même quand l'emphytéose domaniale fut étendue par

Zénon aux biens des particuliers. Le propriétaire restait libre d'admettre le nouvel emphytéote à la place de l'ancien, et il ne le faisait que moyennant un sacrifice pécuniaire dont il taxait lui-même arbitrairement le montant.

C'est cet inconvénient auquel Justinien voulut remédier par la loi 3 au Code *De jure emphyteutico*. Il régla en même temps les formes de transmission, établit, pour certains cas, un droit de préemption au profit du propriétaire et organisa certaines déchéances. Cette constitution, trop longue pour qu'il soit possible de la transcrire ici, peut se résumer en quelques mots :

D'abord, elle n'est applicable qu'à défaut de conventions entre les parties. — Le consentement du maître est exigé pour le transfert du droit. — Le propriétaire peut exercer pendant deux mois le droit de préemption. — La simple expiration ou délai de deux mois équivaut à un consentement tacite, et le nouvel emphytéote, pourvu qu'il soit solvable, doit être agréé. — Le maître pourra percevoir, comme droit de mutation, le cinquantième du prix ou de l'estimation. — En cas d'omission de ces diverses formalités, l'emphytéote est déchu de son droit.

Étudions maintenant avec quelques détails les principales dispositions de la constitution de Justinien. La première condition exigée, c'est l'autorisation du maître. Dans le cas de vente, aucune difficulté ; mais que décider, si le transfert doit avoir lieu autrement que par la

vente? D'après Cujas, la déclaration de l'emphytéote et
le délai de deux mois pendant lequel il doit surseoir à
l'aliénation ont pour but unique de permettre au propriétaire d'exercer le retrait; or, ce droit de retrait
n'existe que dans le cas de vente; d'où il déduit que,
dans les autres cas, échange, donation, etc., le concours
du propriétaire n'est pas nécessaire à l'emphytéote pour
transférer son droit. Cette première opinion a le tort,
selon nous, d'admettre que le seul motif qu'ait eu le
législateur en exigeant l'autorisation du propriétaire
dans le délai de deux mois, c'est de lui permettre d'exercer le droit de préemption. C'est envisager la question
à un point de vue trop étroit, car le délai de deux mois
procure encore au propriétaire d'immenses avantages;
il lui permet, notamment, de prendre des renseigne-
ments sur l'emphytéote présenté.

Le consentement du propriétaire est également requis
quand l'emphytéote se propose d'aliéner seulement les
améliorations qui proviennent de lui, et il est remarquable que ces « εμπονήματα » tiennent plus de place que
le bail emphytéotique lui-même dans la constitution
de Justinien. Le but de l'empereur a, sans doute, été
d'entraver les dégradations de l'emphytéote par crainte
d'une déchéance et de permettre au propriétaire de
surveiller, d'une manière plus étroite, ses agissements.
Mais il ne faut pas exagérer cette obligation de l'emphytéote, et l'autorisation du maître ne serait pas néces-

saire pour la constitution d'un gage ou d'une servitude.

On peut maintenant se demander dans quel cas le propriétaire pouvait refuser d'agréer le nouvel acquéreur. D'abord, en cas d'insolvabilité, Justinien le dit expressément. Mais le texte nous dit encore que le maître doit rechercher si la personne présentée n'est pas une *persona prohibita,* mais bien une *persona concessa et idonea ad solvendum emphyteuticum canonem.* Qu'entendre par l'expression *persona idonea?*

Certains auteurs ont pensé qu'il s'agissait d'une certaine classe d'individus, qu'un usage constant repoussait les militaires et les curions, par exemple, pour les biens de l'État et pour les propriétés de l'Église, parce qu'alors on avait lieu de craindre l'influence de semblables personnalités. Mais il s'agit là d'un cas tout à fait spécial, et les mêmes craintes n'ayant plus de raison d'être dans les biens des particuliers, nous pensons qu'il n'existait pas pour ce contrat des exclusions légales en dehors du droit commun. Il est beaucoup plus simple de considérer tout ce luxe d'expressions comme une de ces redondances si ordinaires à Justinien, et de supposer que l'empereur n'a songé qu'à donner au propriétaire le droit très-légitime de refuser un emphytéote insolvable.

La seconde particularité que nous devons mentionner au sujet de l'aliénation de l'emphytéote, c'est le droit de retrait attribué au maître. Ce droit de retrait n'est autre chose que le droit accordé au propriétaire de se porter

acheteur lorsque l'emphytéote vient à aliéner, en payant
le prix que celui-ci aurait reçu ou aurait pu raisonnablement recevoir d'un tiers. Le droit de retrait ne manque
pas d'analogie avec les droits de retrait de l'époque
féodale, et la seule distinction, assez ingénieuse d'ailleurs
qu'en fasse Pothier, c'est que le droit dont nous nous
occupons en ce moment est un *jus prælationis in re-
vendendâ,* tandis que le retrait féodal est un *jus prælationis in re jam venditâ.*

Avant Justinien, on ne trouve nulle part trace dans
les textes de cette disposition; c'est ce qui nous en fait
donner la paternité à cet empereur. Mais on peut se
demander quel but il a voulu atteindre? C'est pour empêcher la fraude qu'aurait pu faire l'emphytéote dans
l'aliénation de son droit. On comprend l'intérêt que
devait avoir l'emphytéote à dénoncer au propriétaire un
prix bien inférieur au prix réel, de telle sorte que le
montant du droit perçu par le propriétaire se trouvât
assez faible. En accordant au propriétaire le droit de
prendre le marché pour son compte le jour où il se
croirait lésé, Justinien avait trouvé un bon moyen
d'éviter de telles fraudes. Cette mesure d'ailleurs n'avait
rien que de très-juste et ne nuisait en rien aux intérêts
de l'emphytéote. Que lui importait, en effet, s'il n'agissait pas dans des intentions malhonnêtes, de voir son
droit passer à un autre ou retourner au véritable propriétaire? Le résultat était toujours le même pour lui,

pourvu que, moyennant l'abandon de son droit, il tou-
chât le prix convenu.

On s'est demandé si ce retrait pouvait s'exercer quel
que fût le mode d'aliénation ou bien en cas de vente
seulement?

Un des arguments de ceux qui prétendent que le droit
de retrait ne peut s'exercer que dans le cas de vente,
c'est que la constitution ne parle jamais du droit de retrait qu'à propos de l'*emptio*. Cet argument n'a pas
grande valeur, et on peut répondre que la constitution
n'a fait que statuer sur le *plerumque fit,* car la vente
se rencontre beaucoup plus dans la pratique que la donation ou l'échange, par exemple.

Un deuxième argument, beaucoup plus sérieux consiste à dire que le but que voulait atteindre l'emphytéote
ne se trouvera plus rempli le jour où le propriétaire
viendra se substituer au donataire ou au coéchangiste.
Ainsi, dans l'échange, par exemple, lorsque le coéchangiste, au lieu du fonds, objet du contrat, se trouvera en
présence d'une somme d'argent, il préférera souvent se
retirer que de traiter dans de pareilles conditions. De
même pour la donation, surtout si à l'objet donné se
trouve jointe une question d'affection et de famille. Ces
objections sont très-sérieuses et il est certain que dans
la donation ou l'échange, le retrait ne produira pas les
mêmes avantages que dans la vente. Mais en présence
du texte de la constitution de Justinien, nous ne croyons

pas qu'il soit possible de faire la moindre distinction.

Le troisième et dernier point dont fait mention la constitution de Justinien, consiste dans le droit donné au propriétaire, de percevoir le cinquantième du prix ou de la valeur de la chose. C'était une compensation à l'avantage qu'avait l'emphytéote de pouvoir rompre ses anciennes obligations envers le propriétaire. On appelait ce versement du cinquantième *laudimium* ou *laudemium*. Le *laudemium*, outre son importance pratique au point de vue de l'emphytéose, est, historiquement, fort remarquable. C'est l'origine des droits de quint, des lods et ventes de la période féodale, d'où sont sortis les impôts de mutation de notre époque.

Le *laudemium* était donc le rachat opéré entre les mains du propriétaire de l'obligation qu'avait contractée, envers lui, l'ancien emphytéote, et dont il aurait dû être tenu, même après l'aliénation. Mais on s'est demandé si le cinquantième du prix peut se retenir, même en cas de retrait opéré par le propriétaire? Le texte semble résoudre la question affirmativement : « *Disposuimus attestationem domino transmitti et prædicere quantum pretium ab alio revera accipi potest. Et si quidem dominus hoc dare maluerit et tantam præstare quantitatem quantam ipse revera emphyteuta ab alio accipere potest ipsum dominum omni modo hæc comparare.* » Ainsi, ce que veut la loi, c'est que le propriétaire paie à l'emphytéote ce que ce dernier aurait reçu d'un tiers. Or, qu'aurait-il reçu? Le prix d'aliénation diminué du droit de mutation que perçoit le propriétaire, c'est-à-dire du cinquantième. L'emphytéote n'éprouvera donc aucun dommage à ce que le propriétaire retienne le cinquantième, tout en exerçant le droit de retrait.

Cette solution, si elle est conforme au texte, n'en est pas moins contraire aux principes et même à l'équité. En effet, reportons-nous aux raisons qui firent réglementer ce droit de perception du cinquantième. C'était le prix du consentement donné à l'aliénation par le propriétaire. Or, l'aliénation se faisant au profit du propriétaire, est-il besoin du consentement? Evidemment non, car on n'a pas à craindre un refus de sa part. D'ailleurs, sans recourir aux principes et en restant face à face avec le texte, on voit que, lorsque Justinien parle du droit de retrait, il n'est pas encore question de la perception du cinquantième; ce qui démontre bien que le prix intégral de l'aliénation est dû à l'emphytéote.

Nous avons à rechercher maintenant dans quel cas aura lieu la perception du cinquantième. Elle a lieu, cela n'est pas douteux, dans tous les cas d'aliénation entre-vifs. Les termes de la constitution, en effet, ne font aucune distinction; et, en cas d'échange ou de donation, il y avait lieu à estimation pour établir la quotité du droit. Cette solution se comprend d'autant mieux, que le consentement du propriétaire était également nécessaire, qu'il fût question de vente ou de tout autre contrat; or, puisque le *laudemium* n'était que le prix de ce consentement, ce prix devait être dû dans tous les cas.

En ce qui concerne les transmissions du droit à cause de mort, on a opposé la transmission faite aux héritiers directs de l'emphytéote à la transmission faite par l'effet d'un legs.

On n'a jamais songé à faire rentrer la transmission héréditaire proprement dite dans le cadre de la constitution de Justinien, et personne n'a osé soutenir que, dans ce cas, il y avait lieu à la perception du cinquantième. L'emphytéose, concession perpétuelle de la jouissance d'un fonds, est faite, tant au concessionnaire primitif qu'à ses héritiers « *salvo canone* ». On ne rencontre ici que l'application pure et simple de la théorie générale en Droit romain, à savoir que les héritiers continuent la personne du *de cujus* : il n'y a donc pas par le fait mutation de propriété. Le jour où le premier emphytéote vient à décéder, ses héritiers lui succèdent dans l'ordre établi par la loi. Il n'y a aucune espèce de consentement à obtenir, partant pas de droit à payer. Le cinquantième ne s'applique qu'à des cas imprévus et exceptionnels, et il y aurait eu violation du contrat par l'aggravation arbitraire de la condition du preneur si le propriétaire avait pu exiger une somme quelconque lorsque l'héritier prenait la place du défunt.

Tout ceci ne présente aucune espèce de difficulté ; mais la question est beaucoup moins claire lorsqu'on se trouve en présence d'un legs transférant à un tiers étranger le droit emphytéotique. Il faut prendre parti entre les deux solutions opposées, assimiler la transmission par legs à la transmission héréditaire ou bien aux aliénations entre-vifs. Ce dernier parti nous semble le seul admissible. On ne peut pas dire ici, comme dans le premier cas, que le légataire fait, avec son auteur, une même personne civile. Sauf cette différence, que la mutation ne s'opère qu'au moment du décès du testateur, le legs produit en réalité le même effet que l'aliénation entre-vifs. Un nouveau débiteur se trouve substitué au débiteur naturel du propriétaire et c'est précisément cette novation qui donne lieu à la perception du *laudemium*.

Mais, objecte-t-on, de quel droit imposer à l'emphytéote l'obligation de requérir le consentement du propriétaire pour instituer un légataire ? Et, ajoute-t-on encore, il n'y a pas, dans toute la loi 2 un seul mot relatif au cas de transmission héréditaire. Nous ne prétendons point que l'emphytéote testateur ait besoin du consentement du propriétaire pour désigner un légataire. Mais, d'un autre côté, peut-on introduire un individu sur les terres du propriétaire, sans que ce dernier ait été averti ? Nous savons le contraire ; et cet avertissement a précisément pour but, de mettre le propriétaire à même de s'enquérir de la solvabilité du nouvel emphytéote, et de se faire payer son consentement, s'il est donné dans les deux mois de la déclaration. Décidons donc que, dans notre espèce, le locataire ne pourra entrer en jouissance, qu'après que le propriétaire y aura consenti, et, par conséquent, aura exercé le cinquantième, prix de son consentement.

On s'est demandé si, dans le cas où l'emphytéote viendrait à céder, entre-vifs, son droit à son héritier présomptif, il y aurait lieu de percevoir le droit de mutation?

La question ne se pose même pas, s'il s'agit d'une aliénation à titre onéreux : Dans ce cas, en effet, il n'y a pas d'héritier, il n'y a pas de continuation de personne ; l'héritier présomptif agit comme étranger et il y a une véritable mutation. — Mais, *quid*, dans l'hypothèse d'une donation en avancement d'hoirie ou par préciput?

On a dit que si l'emphytéote au lieu de transmettre son droit de son vivant, avait laissé les choses suivre leur cours naturel, il n'y aurait pas lieu à la perception du cinquantième : le moment seul du transport eût été retardé. C'est là une considération bien vague et bien hypothétique ; plusieurs causes peuvent empêcher le donataire de venir à la succession du donateur et son droit éventuel n'est rien moins que certain. Ensuite pour savoir si le *laudemium* est dû, il faut considérer uniquement ce qui a été fait, et non rechercher si le même résultat aurait pu être obtenu d'une autre manière.

Ainsi, s'agit-il d'une aliénation à titre onéreux, l'emphytéote traite avec son héritier comme avec un étranger.
Le propriétaire se renferme rigoureusement dans les
termes de la constitution, et la qualité de l'acquéreur lui
est indifférente. Le consentement a dû être requis, le
cinquantième payé, et on ne saurait raisonnablement
soutenir qu'un fait postérieur peut le lui enlever, car
alors il faudrait dire pour être logique, que dans le cas
d'aliénation à une personne non héritière et qui le devien-
drait dans la suite, le *laudemium* perçu devrait être
restitué. La condition du nouvel emphyétote n'est pas
d'ailleurs aussi mauvaise qu'on veut bien le dire : En
effet, de quoi peut-il se plaindre ? Il entre en jouissance
seul, tandis que peut-être il subira le concours de ses
cohéritiers, après le décès de son auteur ; — peut-être
aussi, l'ouverture de cette jouissance a-t-elle lieu un
temps considérable avant le moment où il y aurait eu
droit sans l'aliénation dont il bénéficie.

Une autre difficulté s'élève dans le cas de partage
d'une emphytéose. Si l'emphytéote a laissé plusieurs
héritiers qui sortent de l'indivision par un partage, attri-
buant toute l'emphytéose à l'un d'eux, celui-ci est évidemment dispensé du cinquantième pour sa part héréditaire, puisqu'il l'a acquise pour cause de mort. Mais la
décision sera-t-elle semblable, lorsque le propriétaire
viendra réclamer la perception du droit sur les parts des
autres que ce dernier a réunies à la sienne ? Oui, puisque

le droit romain suivant en cela la réalité des choses, ne voit pas dans le partage un acte déclaratif, mais bien attributif de propriété ; cet héritier achète les parts de ses cohéritiers, et doit être traité comme un acheteur ordinaire.

On oppose à cette solution, la Novelle 112, chapitre Ier : « *Quando res litigiosæ per successionem ad hæredes perveniunt, harum rerum inter hæredes divisio non debet pro alienatione haberi.* » Nous reconnaissons que la rédaction de cette novelle est un peu vague. Il est cependant facile de voir qu'elle n'a qu'un but : permettre le partage des choses litigieuses, et pour ce faire, elle introduit une exception à la règle qui défend de les aliéner. Au reste, si on ne veut pas rendre à cette loi son caractère d'exception, et si on veut en faire l'application d'une règle générale, on en arrivera à faire en droit romain, le partage déclaratif de propriété, ce qui est inadmissible.

Voyons maintenant à qui le *dominus* doit s'adresser pour obtenir le paiement du cinquantième. Certains auteurs veulent que le *dominus* n'ait d'action que contre le nouvel emphytéote ; grâce à la novation qui a été faite, celui-ci est seul obligé à son égard. M. Le Halleur n'adopte pas cette solution : le cinquantième, en effet, n'est . que le prix tarifé du consentement donné à l'aliénation par le *dominus*, une indemnité qui lui est payée à raison de la novation qu'il laisse s'opérer au profit de l'ancien emphytéote, son débiteur. Ce sera donc l'ancien emphytéote puisqu'il bénéficie de l'autorisation qui sera personnellement tenu envers le propriétaire. On peut, du reste, remarquer que la constitution de Justinien, en parlant du cinquantième, ne s'occupe que des rapports entre le *dominus* et l'ancien emphytéote. Est-ce à dire que le cessionnaire n'a aucun intérêt à l'accomplissement de l'obligation qui pèse sur son cédant, l'ancien emphytéote? Son intérêt est grand au contraire, car la résolution du contrat est la conséquence du non paiement. Il est donc probable qu'en face de cette éventualité le nouvel emphytéote, se chargeait ordinairement de payer le cinquantième, sauf ensuite à en retenir le montant sur le prix stipulé : Dans ce cas, il était obligé personnellement vis-à-vis du *dominus*.

L'emphytéote transmet héréditairement son droit, d'après les règles du droit commun : c'est même là une des différences fondamentales qui le distinguent de l'usufruit. La Loi 10, Dig., *Familiæ erciscundæ* ne laisse aucun doute à ce sujet, en l'absence de textes spéciaux sur l'emphytéose. Seulement, il résulte de la L. 7, Dig., *Communi dividendo*, que si les héritiers ne veulent pas rester dans l'indivision et intentent l'action *familiæ erciscundæ*, le jugement ne devra pas partager le fonds emphytéotique en nature. Il devra ou l'attribuer à l'un des héritiers ou le laisser indivis entre plusieurs. Ce serait, en effet, une véritable détérioration pour le propriétaire s'il était obligé de supporter le démembrement.

Dans le cas d'indivision, chaque héritier est tenu du paiement du canon dans la proportion de ses droits, mais si l'un d'eux vient à manquer à ses obligations, le propriétaire peut demander la déchéance contre tous : autrement il y aurait, comme dans le cas précédent, morcellement de l'emphytéose, et par suite, détérioration pour le propriétaire.

V

DES MODES D'EXTINCTION DE L'EMPHYTÉOSE.

Après avoir examiné la nature, les modes de création et de transmission de l'emphytéose, les droits et obligations du concessionnaire, il nous reste à étudier comment elle finit.

Les causes d'extinction de l'emphytéose sont assez nombreuses. Nous étudierons principalement celles que le législateur a prévues dans des textes spéciaux.

1° *Echéance du terme*. — L'emphytéose étant de sa nature perpétuelle, cette hypothèse se présentera rarement; on ne devait guère rencontrer le terme que pour les biens ecclésiastiques où l'emphytéose perpétuelle était prohibée. Cependant, en toute emphytéose, il est permis de stipuler un terme dont l'échéance mettra fin aux droits de l'emphytéote et fera rentrer le *dominus* dans sa pleine propriété ;

2º *Perte de la chose.* — Ce cas est formellment prévu dans la constitution de Zénon ;

3º *Confusion.* — Il y a confusion lorsque le propriétaire acquiert le droit emphytéotique par succession ou convention, ou que l'emphytéote acquiert la pleine propriété ;

4º *Mort de l'emphytéote sans qu'il laisse de successeurs;*

5º *Prescription de trente ans au profit du propriétaire;*

6º *Prescription de la propriété du fonds au profit d'un tiers.* — Nous disons prescription au profit d'un tiers, car il est clair que l'emphytéote ne peut pas invoquer sa possession. Il est à cet égard, quoique les textes le qualifient de possesseur, dans la position du fermier, qui possède, on le sait, pour le compte du propriétaire.

Mais pourra-t-il, du moins, éteindre l'emphytéose par la prescription libératoire de trente ans, si, pendant ce délai, le *dominus fundi* ne lui a pas réclamé le canon? Et, pourra-t-il désormais, tant qu'il possédera, repousser les prétentions du propriétaire? Nous ne le pensons pas. Le propriétaire conserve en principe tous ses droits et n'a perdu, par la prescription de trente ans, que la faculté d'exiger les canons échus depuis plus de trente ans accomplis. Un effet semblable se produit dans toutes les obligations périodiques ; la prescription n'y éteint pas le droit principal aux prestations, mais seulement le droit à une ou plusieurs prestations dont chaque annuité se perd par une prescription particulière commençant à la date de son échéance. (L. 7, § 6, *Code de prescript.* XXX, vel. XL, ann.)

7° — *Consentement mutuel des parties.* — C'est là une règle de droit commun. Les parties peuvent anéantir le contrat pour l'avenir, sauf à respecter les effets produits dans le passé. Mais l'emphytéose peut-elle s'éteindre par la renonciation pure et simple de l'emphytéote ? Mühlenbruch l'a soutenu en argumentant de la loi 29, C. Just., *De pactis*, et de la loi 3, Cod. Just., *De fundo patrim.* D'après la première de ces lois, il est permis à chacun de renoncer aux droits établis en sa faveur, — et la deuxième défend à l'emphytéote de renoncer à l'emphytéose sous prétexte de stérilité du fonds.

Le premier texte cité par Mühlenbruch nous paraît bien peu probant. Si, en effet, chacun peut renoncer à un droit établi en sa faveur, il ne saurait renoncer à un droit établi en faveur d'autrui. Or, dans l'emphytéose, à côté du droit de servitude, au profit du concessionnaire, se trouve l'obligation de payer le canon au profit du concédant. Pour ce qui est du deuxième texte, Mühlenbruch en tire cette conséquence : « *Qui de uno dicit de altero negat* » ; donc, dit-il, sauf le cas de stérilité de fonds, le concessionnaire pourra, en règle générale, faire cesser l'emphytéose en renonçant. à son droit. On avouera que la conséquence tirée de ce texte est singulièrement forcée, et on peut répondre que le texte ne fait qu'appliquer au cas spécifié la doctrine que l'emphytéote supporte des chances de détérioration. Zénon n'aurait pas eu besoin d'établir ce principe dans sa constitution, si, au moyen d'une renonciation, l'emphytéote avait pu en éluder les conséquences.

Les causes d'extinction de l'emphytéose que nous avons étudiées jusqu'ici rentrent dans le droit commun. Elles sont assimilables aux causes d'extinction des autres contrats.

Nous allons nous occuper maintenant des causes de déchéance de l'emphytéote, c'est-à-dire des cas dans lesquels l'emphytéose se trouve disparaitre par suite d'une disposition spéciale. Ces cas sont au nombre de trois : 1° l'abus de jouissance; 2° le défaut de paiement du canon; 3° l'irrégularité dans la transmission du droit emphytéotique.

1° *Abus de jouissance.* — A l'époque du *jus perpetuum,* alors qu'on appliquait aux concessions perpétuelles la théorie du louage, il n'est pas douteux que la dégradation de fonds ne fût une cause de déchéance; Zénon ayant gardé sur ce sujet le silence le plus absolu dans sa constitution, on doit présumer qu'il n'introduisit aucun changement; et, d'autre part, Justinien règle la question de la façon la plus nette à propos de l'emphytéose des biens ecclésiastiques, sans indiquer qu'il s'agit d'une exception à la règle générale.

Mais une question qui a soulevé de vives controverses, c'est celle de savoir ce qu'il faudrait décider, au cas où un emphytéote aurait amélioré le fonds, tout en lui faisant subir, d'un autre côté, des détériorations ? D'après certains auteurs allemands, l'emphytéote aurait dû être privé des parties du fonds par lui détériorées. D'autres jurisconsultes ont parlé d'une compensation à établir entre les améliorations et les détériorations. D'autres, enfin, s'en tiennent purement et simplement au texte de la novelle de Justinien, et considèrent dans cette hypothèse le droit de l'emphytéote comme entièrement détruit. Nous nous rangeons à l'opinion de M. Pepin Le Halleur, d'après lequel il n'y aura lieu à déchéance que lorsque la somme des détériorations dépassera la valeur des améliorations. Le but du législateur, en établissant la cause de déchéance par abus de jouissance, a été que le fonds ne diminuât pas de valeur. Or, il est bien certain qu'il en sera ainsi tant que les améliorations seront équivalentes aux dégradations.

2º *Le défaut de paiement.* — Tel est le second cas de déchéance du droit emphytéotique. Avant Zénon, on appliquait les règles du louage, lorsque l'emphytéote avait laissé passer deux ans sans payer soit la redevance, soit les impôts, et, jusqu'à Justinien, nous ne trouvons, sur cette matière, trace d'aucune modification.

Nous ne citerons pas textuellement, à cause de sa longueur, l'importante loi 2, C. Just., *De jure emphyteutico,* mais voici, en résumé, ce qu'elle dit :

« Il faut s'en tenir aux conventions formelles ; en leur absence, le non paiement des impôts ou du canon pendant trois ans emporte déchéance sans indemnité pour les améliorations ; le *dominus* peut la demander sans mise en demeure préalable. D'autre part, l'emphytéote peut, si le *dominus* refuse de recevoir, lui faire offre de la somme par lui due et en faire le dépôt avant l'écoulement des trois ans pour éviter la déchéance. »

Bien que ce fût son intention, l'empereur n'a pas réussi à éteindre toutes les controverses qui s'agitaient avant lui sur cette matière ; et la première difficulté qui se présente est de savoir, si la déchéance est encourue, lorsque l'emphytéote n'a pas payé le canon, ou seulement lorsqu'il n'a payé ni le canon ni les impôts? C'est un argument du texte qui a fait naître le doute : « *Si neque pecunias solverit neque apochas domino tributorum reddiderit.* » Il faut donc, a-t-on dit, qu'il y ait eu absence cumulative de paiement et du canon et des impôts. A cet argument du texte, Donneau oppose ces expressions qui se trouvent dans la suite de la même constitution et qui laissent la question entière : « *Si solitam peusionem vel publicarum functionum apochas...* » Nous pensons que cette controverse, si on

avait eu égard aux principes, ne serait jamais née.
Chacun sait, en effet, que : « Toute obligation partiellement remplie ne produit pas plus d'effet pour la libération du débiteur qu'une inexécution absolue. » Par
suite, puisque ici, la peine de l'inexécution est la déchéance, elle est encourue malgré un accomplissement
partiel (L. 85, 6, Dig. *De verborum obligat*). Ainsi, du
moment que, pendant trois années, l'emphytéote aura
négligé de payer soit l'impôt, soit le canon, il encourra
la déchéance.

Autre question. Le *dominus* peut-il demander, en
même temps, l'arriéré qui lui est dû et la déchéance ?
D'après Vinnius (*Vinii selectæ quæstiones*, II, 3), on
ne peut demander, en même temps, *pœnam et rem*.
Mais Donneau (*Comment. Jur. civ.*, T. IX, C. XV,
n° 13) fait observer avec raison qu'il n'y a pas ici de
pœna ; la *pœna* est la clause pénale insérée par les
parties dans une convention, et qui doit remplacer, en
cas d'inexécution, le profit que l'une des parties espérait
en retirer. D'ailleurs, est-il possible d'admettre cette
conséquence de l'opinion de Vinnius, que le propriétaire
qui aurait fait prononcer la déchéance de l'emphytéote,
ne pourrait lui demander l'arriéré? Il nous paraît difficile de le soutenir, si l'on veut bien se rappeler qu'avant
la constitution de Justinien, la déchéance comme au cas
de louage avait lieu par deux ans. Or, tout le monde
admet que le propriétaire qui demandait la déchéance

de son locataire pouvait, en même temps, lui demander les termes échus. Décider le contraire, eût été une iniquité, puisque le locataire eût gratuitement joui, pendant deux ans, de la chose d'autrui. Nous trouvons, au surplus, un texte formel qui applique cette décision à l'emphythéose de biens ecclésiastiques, et les principes comme l'équité, doivent faire croire que ce n'est là qu'une application de la règle.

Vinnius essaie encore d'étayer sa solution par l'analogie qu'il trouve entre ce cas et la *lex commissoria*, insérée dans une vente, qui ne permet certainement pas au vendeur de réclamer à la fois le prix convenu et la résolution de la vente. Cette comparaison est dénuée de fondement. On comprend que le vendeur ne puisse, à la fois, redemander la chose et demander le prix, puisque celui-ci n'est dû par l'acheteur qu'autant que la chose lui est livrée. Mais dans notre hypothèse, au contraire, si l'emphytéote est forcé de payer des annuités arriérées, n'a-t-il pas eu l'équivalent de ces annuités en jouissant de l'emphytéose pendant les trois ans qu'il est resté sans rien payer ?

Du reste personne ne conteste ce que Vinnius fait en outre observer : Que si le propriétaire reçoit avec des canons échus une ou plusieurs annuités à échoir, il ne peut plus expulser l'emphytéote. Il est évident qu'il y a une remise tacite de la déchéance encourue, remise sur laquelle il n'est plus au pouvoir du maître de revenir.

S'il y a eu stipulation d'une clause pénale pour le cas ou l'emphytéote laisserait passer trois ans sans payer les impôts ou la redevance, il ne peut s'en prévaloir pour éviter la déchéance légale, à moins que cela ne résulte d'une convention particulière. La constitution est formelle à cet égard, « *nulla pœna ei opponenda* ». Le propriétaire peut donc renoncer au bénéfice de la clause pénale et expulser l'emphytéote, mais s'il exige le paiement de la clause pénale, peut-il poursuivre la déchéance de l'emphytéote ?

Nous distinguerons : si la clause pénale a eu pour but de remplacer la déchéance, le *dominus* pourra bien demander l'arriéré, mais le paiement de la clause pénale lui ôtera le pouvoir de poursuivre la déchéance. Si, au contraire, la clause pénale a été introduite pour remplacer l'arriéré dû par l'emphytéote, dans ce cas, le paiement de la clause pénale accepté sans protestation, ôtera au *dominus* le droit de demander les termes arriérés. — Mais nous croyons qu'il pourra demander la déchéance. Cette dernière proposition est repoussée par M. Pépin Le Halleur. D'après lui la clause pénale a été introduite comme plus favorable au *dominus* que le paiement de l'arriéré. Elle renferme donc une véritable pénalité à laquelle il ne faut pas ajouter celle de la déchéance.

3° Il nous reste à examiner le dernier cas de déchéance spéciale : c'est l'irrégularité dans la transmission

du droit emphytéotique. Mais, ici, nous n'avons rien
de nouveau à dire. Lorsque nous avons parlé des
formalités à remplir pour qu'il fût possible de procéder
à l'aliénation de l'emphytéose, nous avons constaté
que Justinien attachait la plus grande importance aux
formes nouvelles qu'il établissait, puisqu'il exigeait leur
accomplissement sous peine de déchéance. Remarquons,
toutefois, que cette déchéance ne peut se produire que
si le propriétaire la réclame. Elle n'a pas lieu de plein
droit; si donc le *dominus* garde le silence, l'emphytéote ne pourra pas se prévaloir de sa faute pour faire
tomber le contrat emphytéotique.

CHAPITRE TROISIÈME

DE QUELQUES EMPHYTÉOSES SPÉCIALES.

Nous avons étudié, jusqu'ici, les règles de l'emphytéose de droit commun; il y avait, en outre, des emphytéoses soumises à un régime exceptionnel; c'étaient l'emphytéose du domaine impérial, et l'emphytéose des biens
ecclésiastiques.

En traitant du *jus perpetuum salvo canone,* et du
jus emphyteuticum, nous avons donné quelques no-
tions sur l'emphytéose du domaine impérial. Nous nous

bornerons donc à signaler certaines particularités que présentent les emphytéoses des biens ecclésiastiques. Les novelles 7 et 120, qui s'en occupent spécialement, nous signalent quelques différences entre ces emphytéoses et celle de droit commun.

La novelle 7, qui prohibe l'aliénation des biens de l'Église, défend de créer sur ces mêmes biens des emphytéoses perpétuelles. Ces emphytéoses ne peuvent être constituées qu'à deux degrés seulement, le concessionnaire, ses enfants et ses petits-enfants. Toutefois, à défaut de descendants, le conjoint survivant jouira, sa vie durant, de l'emphytéose si le contrat, par une clause expresse, autorise cette transmission ; à la mort du conjoint ou à son défaut, ou en l'absence de stipulation semblable, le fonds retournait à la communauté propriétaire.

La novelle 120 modifie la prohibition des emphytéoses perpétuelles, qui ne sera plus applicable qu'à l'église de Constantinople. Celle-ci, même, pourra constituer des emphytéoses perpétuelles sur les maisons qui tombent en ruines, mais le canon emphytéotique est, en ce cas, fixé par la loi ; on ne l'abandonne pas à l'appréciation des administrateurs ecclésiastiques.

Cette novelle 120 ne reproduit pas ce qui concerne le conjoint survivant. En faut-il conclure à la suppression de son droit ? Le décider ainsi ne serait ni logique ni conforme à l'esprit qui a inspiré cette novelle. En effet, pour qu'une loi subséquente abroge une loi précédente, il faut que cette abrogation soit formelle ; et, d'un autre côté, cette novelle, conçue dans un sens plus libéral que la première, ayant supprimé la plus grande partie des prohibitions de la novelle 7, on ne peut admettre, sans inconséquence, qu'elle ait apporté des restrictions nouvelles au droit des églises de constituer des emphytéoses.

Dans le chapitre 6 de la novelle 120, le mot : « *volentibus* » que nous trouvons dans le texte a fait croire que le but de cette novelle n'était pas de ramener purement et simplement au droit commun les emphytéoses ecclésiastiques, mais seulement de permettre, par exception, l'établissement d'emphytéoses perpétuelles par une déclaration formelle à cet égard, tandis que, dans les emphytéoses privées, la perpétuité est la règle.

Il nous paraît un peu hasardé de tirer tout un système d'un seul mot, surtout lorsque ce mot émane d'un empereur si connu par la prolixité de son langage ! D'ailleurs, il nous semble que ce mot peut s'expliquer tout naturellement. Justinien change un état de choses où même les églises, qui le voulaient, ne pouvaient constituer d'emphytéoses perpétuelles ; quoi de plus simple que de dire : maintenant, celles qui le voudront pourront le faire ?

L'emphytéose des biens ecclésiastiques se distinguait encore de l'emphytéose ordinaire par plusieurs particularités moins essentielles.

Le contrat emphytéotique devait nécessairement être rédigé à peine de nullité.

La déchéance faute de paiement avait lieu par deux ans au lieu de trois. Et il résulte formellement du texte de la novelle 120 qu'elle pouvait être demandée même après que le paiement de l'arriéré du canon avait été obtenu.

Enfin, les Églises jouissaient d'un droit de retrait tout à fait en dehors du droit commun, pourvu que le nouvel emphytéote fut « *Imperialis domus, aut sacrum æra-rium, aut civitas aliqua, aut curia, aut venerabilis alia domus.* »

Ce retrait peut être exercé dans toute espèce d'aliénation ou de transmission, et même pendant deux années, après qu'elle a été accomplie.

Tel est, aussi succintement que possible, l'histoire de l'emphytéose dans le monde romain. Les documents ne nous ont pas manqué jusqu'ici, pour suivre pas à pas, les traces de ce contrat, marqué du caractère spécial que lui avaient imprimé les législations de Zénon et Justinien.

Maintenant, nous rentrons dans la nuit noire de ce chaos qui suivit le bouleversement de l'Empire. Les documents sont obscurs et contradictoires. Là où se trouve le mot emphytéose, la chose fait défaut. — Et, au contraire, nous retrouvons les principes essentiels de notre contrat, dans une foule d'institutions de cette époque qui semblent, au premier abord, n'avoir rien de commun avec l'emphytéose.

C'est que ces crises suprêmes qui, à certaines époques bouleversent le monde sont souvent plus apparentes que réelles. La surface paraît profondément agitée, mais le fonds reste le même et les institutions ne disparaissent jamais complètement. Aussi, à cette époque, verrons-nous l'emphytéose se transformer sous l'influence du changement d'état social des peuples, mais jamais nous ne la verrons complètement disparaître.

DEUXIÈME PARTIE

ANCIEN DROIT FRANÇAIS

CHAPITRE PREMIER

ÉPOQUE FRANQUE

Jusqu'ici, notre étude a compris l'ensemble du monde Romain ; mais, par suite de la désorganisation complète de l'Occident, envahi par les Barbares, la scission opérée depuis longtemps est devenue définitive entre les deux Empires, et, laissant de côté l'Empire de Byzance, nous revenons à la Gaule, sur laquelle se concentrera désormais notre travail.

Dans ces siècles d'enfantement social, nous trouvons une foule de concessions d'origine romaine ou germanique ayant de grandes affinités avec l'emphytéose. L'étude de ces différents droits se lie intimement à l'histoire de l'emphytéose ancienne, et l'on voit tout de suite combien notre cadre se trouve élargi. Il comprendrait, dans

une certaine mesure, le tableau de la situation écono-
mique en ce qui touche la propriété foncière à partir du
IVe siècle.

Nous n'essaierons pas de remplir un si vaste pro-
gramme, champ encore ouvert aux théories des auteurs.
Nous n'en extrairons que ce qui nous paraîtra indispensable pour éclairer l'étude du point spécial qui nous
occupe.

I

Au premier rang des contrats pouvant offrir quelque
analogie avec l'emphytéose, et dont l'emploi fut usuel en
Gaule pendant la période franque, se trouve le colonat.

Comme l'emphytéose, le colonat fut, dans le Bas-Empire, un expédient plutôt qu'une ressource; il ne fut
qu'une anomalie, résultat de la misère publique, et de la
difficulté de trouver des bras pour la culture des terres;
comme l'emphytéote, le colon cultive le sol d'autrui
moyennant redevance; seulement, au lieu de traiter
d'égal à égal avec le maître de la terre, le colon est dans
une situation inférieure plus voisine de l'esclavage que
de la liberté.

S'il faut en croire M. Guizot, le colonat existait déjà
dans la constitution du clan Gaulois lors de la conquête
de César. Nous croyons plutôt que cette institution, qui

florissait en Grèce depuis longtemps, se propagea peu à peu de l'Italie dans les provinces, et, qu'en cette matière, la Gaule ne fit que participer au mouvement général de transformation, qui s'étendit à tout l'Empire.

A partir de Dioclétien, tout contribua à son développement; les citoyens pauvres, criblés d'impôts, aimaient mieux faire l'abandon de leurs droits et s'assurer, par la qualité de colon, au moins l'existence. D'un autre côté, les propriétaires, qui reconnaissaient depuis longtemps les inconvénients du travail servile, préféraient des travailleurs intéressés au rendement de la terre. Enfin, à cette époque, où les textes nous montrent combien était commun l'affranchissement des esclaves, il est fort probable que le maître n'était pas poussé à ces nombreux affranchissements uniquement par des sentiments humanitaires. Cet affranchissement dut souvent s'arrêter à cet état intermédiaire du colon, qui ne brisait point entièrement les relations du maître avec son ancien esclave, et procurait à tous les deux des avantages réels.

Cette situation intermédiaire entre la liberté et l'esclavage offrait au colon de notables avantages. Ainsi, quoique soumis à la juridiction domestique et à peu près arbitraire de son patron, il pouvait actionner ce dernier pour violation du contrat primitif. Son mariage était valable aux yeux de la loi, et, en cas de partage du fonds, le maître ne pouvait séparer les familles. Son canon était fixe et à l'abri de toute augmentation arbi-

traire. Mais il ne faut pas croire que les colons n'eurent
pas à souffrir, comme tous les citoyens, de la misère
générale. Plus on reconnaissait la nécessité du colonat,
plus la législation devenait dure pour lier à la terre les
colons et leur descendance. Bien plus, quiconque ne
pouvait justifier de sa qualité, soit de propriétaire foncier, soit d'esclave, devenait colon de plein droit.

Une des principales causes du développement du
colonat dans les Gaules, consista dans l'emploi, qu'après
chaque campagne, on fit des barbares vaincus pour remplir les cadres, toujours incomplets, des populations
agricoles. Ce système original d'utiliser les prisonniers
de guerre se pratiqua sur une vaste échelle tant que
les empereurs purent prendre l'offensive et porter la
guerre sur le sol germain (Fustel de Coulanges, *Revue
des deux Mondes* du 15 mai 1872, p. 245).

On est depuis longtemps revenu des nombreuses illu-
sions engendrées par ces mots de *conquête* et d'*invasion barbare*. Les idées de Montesquieu, sur ce point,
ne trouvent pas, de nos jours, de nombreux partisans;
et personne ne s'imagine plus cette grande révolution
comme une invasion de peuplades se précipitant, le fer
et la flamme à la main, sur une nation compacte et
occupant tous les points du territoire. La domination
barbare fut préparée insensiblement par l'établissement
de Germains sur les terres de l'Empire à titre de *lètes*
ou de *fédérés*. Les *lètes* étaient des tribus qui, sur

l'appel même du Gouvernement impérial, s'installaient en Gaule, avec mission de défendre les frontières et de cultiver, pendant la paix, le sol de leur cantonnement. C'est dans cette institution que nous trouverons le germe de ce qu'on a appelé la grande invasion germaine. Chacune de ces troupes étrangères avait son chef, qui n'était en somme qu'un officier à la solde de l'Empire, de sorte que pour la population gallo-romaine, les nouveaux défenseurs, devaient différer bien peu des anciens légionnaires; c'est donc, avec raison, que M. Laboulaye a pu dire que la conquête de l'Empire se fit par le dedans.

Mais, lorsque dans les ve et vi^e siècles l'influence des empereurs se fit plus faiblement sentir, des luttes éclatèrent entre chefs fédérés; elles eurent généralement pour but l'extension de leur cantonnement au profit de leurs voisins.

Tel est le caractère qu'il faut donner aux luttes de Clovis contre les Burgondes et les Visigoths, dans lesquelles la suprématie impériale n'était nullement mêlée. Nous pouvons donc dire que, dans les Gaules, il n'y eût point des conquérants et des sujets dans l'acception propre de ces mots; mais simplement installation des deux populations, l'une auprès de l'autre.

« Ce fut alors, nous dit M. Laboulaye dans son » *Histoire du droit de propriété foncière,* que se » fit un mouvement remarquable. Le chef d'une de ces » petites bandes de barbares éparses sur les frontières

» de l'Empire, Clovis, un roi franc, qui, à l'époque où il
» embrasse la foi chrétienne, ne compte autour de lui
» que six mille fidèles, tout d'un coup est le maître du
» pays jusqu'à la Loire, le roi reconnu par toutes les
» cités, le chef adopté par tout ce qui reste de troupes
» auxiliaires ou romaines, en un mot le véritable empe-
» reur des Gaules; et tandis que la puissance des Wisi-
» goths est inquiète et mal assise, la sienne n'est jamais
» ébranlée. Toutes les portes s'ouvrent pour lui, les
» murailles tombent quand il s'approche des villes
» assiégées; la nuit, une lumière guide ses pas; c'est le
» favori des évêques et le protégé de Dieu.

« C'est qu'évidemment Clovis ne fut qu'un instrument
» dont se servirent les chefs réels du pays, les évêques
» maîtres des cités où s'était retiré tout ce qu'il y avait
» de vie dans la nation. »

Clovis, en effet, fut le bras autour duquel se rallièrent
ces cités gauloises si éclairées, qui, poussées par ce besoin
d'unité qui était alors dans tous les cœurs, ne cherchaient
qu'un barbare ignorant dont on pût faire la fortune, mais
qui, docile à la voix du clergé, pût rallier autour de lui
toutes ces forces éparses et sauver l'Église et la Gaule.

Pour rendre intelligible ce qui va suivre, nous avons
dû nous écarter quelque peu de notre sujet; nous allons
entrer maintenant dans le détail des contrats usuels qui
intervenaient entre ces populations juxtaposées pour la
tenure des terres.

II

DU PRÉCAIRE, DU LIBELLARIUS CONTRACTUS,
DE L'HOSPITALITAS.

I. — Au premier rang se trouve le précaire, contrat qui dérive du très-ancien Droit romain ; nous l'avons vu employé pour les concessions de l'*ager publicus* ; nous le retrouvons, à présent, mais avec des changements. On suppose toujours que l'impétrant adresse une prière à celui qui fait la concession, et qu'il en reçoit une pure grâce. Ce qui le distingue, surtout, du précaire ancien, c'est que le précaire romain était absolument gratuit, tandis que dans la période gallo-franque, tout en conservant la forme extérieure de l'ancien contrat de précaire, on ne se gêna pas pour insérer textuellement dans le contrat la stipulation d'un cens.

Dans les textes romains, on le voit employé pour les *Patrocinia vicorum*. Les petits transmettent leurs biens aux grands, et se mettent ainsi, à l'abri de leurs déprédations. Ils reprennent ensuite ces mêmes biens à titre de précaire et moyennant une redevance. On trouve même, dans la Novelle 7, Pr., et dans la novelle 120, C. 2, l'indication d'un procédé, assez ingénieux, et qui permettait à l'Église d'utiliser son superflu

pour accroître sa richesse. L'Église abandonnait la jouissance de certaines terres, à titre d'usufruit, à une personne qui donnait en retour la nue-propriété de ses
propres biens, en s'en réservant l'usufruit. A la mort de
cette personne, qui s'était ainsi procuré, pendant sa vie,
une somme plus considérable de jouissance, il s'opérait
au profit de l'Église une double consolidation.

Mais ce n'est que par abus que cette convention prit
le nom de précaire, et si le capitulaire de Charles le
Chauve, *in villa sparnaco*, le désigne ainsi, c'est qu'il
a pris le terme appliqué à cette époque à une foule de
concessions différentes. A vrai dire, c'était de part et
d'autre, un contrat commutatif auquel il n'y avait pas
d'autres règles à appliquer que celles de l'usufruit.

On retrouve, au moyen âge, la même combinaison,
mais perfectionnée, et des règles précises déterminaient
la proportion qui devaient exister entre la quantité de
terres dont l'Église concédait l'usufruit, et la quantité de
celles qui étaient données en retour.

Souvent le donateur abandonnait sa propriété sans
réserve et s'adressait ensuite à la générosité de l'Église
pour qu'elle lui en concédât l'usufruit ; et on comprend
sans peine, que sa requête n'était jamais repoussée. Le
concessionnaire remettait alors à l'Église une charte dite
« *precaria* » et il en recevait, en retour, une dite
« *prœstaria* ».

Les chartes du temps, nous montrent que l'usage et

la loi de l'Église, admettaient de semblables concessions faites du patrimoine de l'Église même : certaines concessions étaient même imposées à l'Église tandis qu'elle faisait les autres librement, et c'est surtout à ces dernières que la dénomination de précaire devait être réservée.

Il faut se garder de croire que la « *precaria* » était toujours faite sous la condition d'un cens annuel, et l'on remarque, surtout dans le cas d'une concession faite à l'ancien propriétaire d'un bien que l'Église venait de recevoir de lui à titre gratuit, que la concession se faisait souvent sans charge de redevance.

Le précariste comme l'emphytéote n'était tenu à aucun service personnel, et c'est cette particularité qui nous prouve que cette institution était d'origine romaine, ou du moins que son régime était tout à fait romain. Nous savons d'ailleurs que la loi romaine était le droit commun du clergé dans tous les pays conquis. Au point de vue de la jouissance et de la déchéance, sa condition était aussi analogue à celle de l'emphytéote, mais ce qui distingue surtout le précaire de l'emphytéose, c'est que le précariste ne transmettait pas de plein droit son droit à ses héritiers. Il arrivait sans doute souvent que l'Eglise, par reconnaissance, transmettait aux héritiers la jouissance du bien dont ils avaient été deshérités par la piété de leur père ; mais c'était pour eux une faveur qu'ils tenaient de l'Église et non un droit, et ce renouvellement de concession se faisait généralement à des conditions plus avantageuses pour l'Église.

La charte de précaire devait se renouveler tous les cinq ans. Cela résulte d'un capitulaire de Charles le Chauve *in villâ sparnaco* « *Precariæ secundum antiquam consuetudinem et auctoritatem de quinquennio in quinquenium renoventur* ».

A cette époque de désordre et de violence, une pareille règle avait pour but d'éviter les tentatives d'usurpation. On craignait que grâce à la latitude laissée à sa jouissance, le concessionnaire n'en vînt à se faire illusion sur la nature de sa possession.

Il était également défendu au précariste d'aliéner sans le consentement de l'Église.

II. — On a désigné sous le nom de *Libellarius contractus*, une institution dont il est question pour la première fois dans une Novelle de l'empereur Léon, sous la rubrique « *De perpetuis emphyteusibus.* » Cette expression est fausse à deux points de vue : 1° Il s'agit d'une concession temporaire dont le terme est précisément fixé ; 2° le renouvellement de la concession peut être exigé par le concessionnaire à la charge de payer une somme fixée de plein droit au double du canon annuel.

Cette expression de *libellarius contractus* est loin d'avoir un sens bien précis ; d'après Cujas (1), ce serait

_____

(1) *Cujacii Recital. solemn. ad titul. Cod. de jure emphyteutico.*

une vente dans laquelle la chose était transférée moyennant un prix et une redevance annuelle. Seulement la vente n'était faite que pour un temps déterminé, à l'expiration duquel l'acheteur qui voulait conserver sa possession était obligé de racheter sa chose à un prix convenu d'avance dans le contrat, sinon fixé par le juge. Ce contrat n'était donc pas comme l'emphytéose une concession intermédiaire entre la vente et le louage ; c'était une vraie vente, transférant la propriété sous la condition résolutoire d'une redevance annuelle due par l'acheteur, et du paiement d'une certaine somme à chaque renouvellement du titre. Par cette combinaison on donnait à une véritable aliénation le caractère d'une concession temporaire, et c'est ce qui explique jusqu'à un certain point, l'intitulé de la constitution de Léon « de perpetuis emphyteusibus. C'est par ce côté, en effet, que le *libellarius contractus* se rapproche de l'emphytéose.

Cette concession semble avoir été fréquemment employée pour éluder la défense d'aliéner les biens de l'Eglise, car ce contrat permettait au concédant de conserver le titre de propriétaire.

III. — Une institution d'origine germanique et qui n'a duré que pendant la période de transition entre la conquête et l'établissement définitif des barbares en Occident, *l'hospitalitas*, a été considéré, comme l'application de l'emphytéose en grand. Les Lombards, les Burgundes surtout,

l'employèrent. On sait que les nouveaux venus ne se par-
tagèrent pas le sol. Un certain cantonnement fut attribué
à chaque barbare, ou plutôt, comme le pense M. Guizot,
a chaque bande de barbares. Le Romain conserva presque dans son intégrité tous ses droits de propriétaire.
Seulement ce droit subit une certaine restriction au
profit de « l'*hospes* » qui avait le droit de percevoir le
tiers du revenu net ou brut, cela est incertain.

Ce droit dura peu et ne s'étendit pas hors des limites
du midi de la France. Dans le nord, le partage en nature lui fut substitué, et quoique ce partage entre Germains et Gallo-Romains ait pris les formes les plus va-
riées, de nombreux auteurs croient trouver dans les différents modes employés l'influence de l'emphytéose.

III

DES TERRES CONCÉDÉES. — DES TERRES RECOMMANDÉES. — DES BÉNÉFICES.

I. — Sur les vastes domaines (*villæ*) qui, après le partage, étaient devenus la propriété personnelle du roi et des
principaux chefs, vivait aux dépens de ces derniers, une
troupe plus ou moins nombreuse de guerriers, appelés
compagnons (*comites*). Après la conquête, le fer de la

charrue se substitua au fer des combats, et ces hommes
libres finirent par remplacer par les travaux de l'agriculture, la vie vagabonde de leurs pères ; des concessions de
terres, récompenses de la fidélité, prirent la place des dons
mobiliers que les chefs faisaient d'ordinaire en Germanie,
à ceux qui s'étaient attachés à leur fortune. On a vu
une grande analogie entre ces concessions et l'emphytéose du Droit romain, et ce n'est pas sans raison : il
n'y a ici, en effet, aucun lien de vassalité, et, en supposant même qu'un tel rapport entre un propriétaire et un
homme libre, eût eu quelque influence sur la condition
de ce dernier, on peut affirmer qu'aucune atteinte n'était
portée à ses droits essentiels, et il pouvait renoncer
quand il voulait au bénéfice de sa concession. Leurs
droits, quant à la jouissance, quant à l'aliénation, quant
à la succession variaient à l'infini. C'était généralement
le propriétaire qui les réglait sans s'astreindre aux règles
du droit commun. — Et cela se comprend, si l'on songe au
grand intérêt qu'il pouvait avoir à prévenir le morcellement indéfini de la terre qu'il avait concédée.

Un nouveau trait de ressemblance avec l'emphytéose,
c'était que chaque changement de possesseur donnait
ouverture, au profit du propriétaire, à un droit de mutation. Fréquemment aussi le titre était héréditaire, et
une redevance annuelle était exigée. Mais ce qui distinguait tout à fait ce droit de l'emphytéose romaine, c'était
la stipulation de services personnels, même de ceux qui

étaient désignés par l'expression de *servile servi-
tium*.

Mais les Comites se distinguent encore des Liti, Lazzi,
Aldiones de la Germanie, en ce que les services personnels qui étaient exigés d'eux étaient d'un ordre un peu
plus relevé et devaient être requis avec un peu plus de
modération. Ces deux classes de concessionnaires ne
devaient pas, d'ailleurs, tarder à se confondre. Les lois
y aidaient ; ainsi, d'après Eichorn, la simple résidence
pendant un temps déterminé dans une « *villa indomi-
nicata* » dont le propriétaire n'admettait que des « *mansi
serviles,* » emportait déchéance de « *l'ingenuitas.* »
Ce qui dut aussi singulièrement faciliter ce résultat, c'est
qu'il était souvent plus avantageux de devenir serf de
l'Église, du roi ou de quelque puissant personnage, que
de demeurer homme libre, même avec un patrimoine
indépendant.

Aussi rien n'est plus commun à cette époque que de
voir un homme libre renoncer à son indépendance, et se
placer à perpétuité sous la protection d'un patron quel
qu'il fût. C'était le seul moyen d'obtenir la sécurité et la
protection que les pouvoirs publics, en voie de dissolu-
tion, ne procuraient plus. Quoi qu'il en soit, les Comites, ces anciens hommes libres, étaient devenus en peu
de temps esclaves de la glèbe ; ils ne pouvaient plus
quitter le fonds auquel ils étaient attachés, n'avaient le
droit ni d'aliéner ni de succéder, et étaient à la merci

du concédant, à la juridiction duquel ils étaient soumis ; ils prenaient alors le nom de *Mansorii*.

II. — A cette époque où la violence des puissants ne rencontrait d'autre frein que les forces individuelles qui pouvaient lui résister, nous avons vu combien était déplorable la condition des petits propriétaires isolés. Ils eurent recours à ce qu'on a nommé la recommandation, qu'il faut bien se garder de confondre avec les *Patrocinia Vicorum,* contre lesquels les constitutions impériales de Théodosien et de Justinien édictent des peines sévères. On est généralement peu fixé sur l'institution des *Patrocinia Vicorum* : tout ce qu'on sait, c'est que c'était une combinaison frauduleuse à l'aide de laquelle les puissants personnages détournaient à leur profit une partie des revenus publics sous prétexte de protéger les petits propriétaires contre les exactions du fisc.

L'institution qui nous occupe, au contraire, a son principe dans les mœurs germaniques, dans cette institution décrite par Tacite sous le nom de « *Comitatus* ».: un homme libre se recommandait ainsi que ses biens à un chef dont il devenait le fidèle et auquel il jurait obéissance et fidélité ; puis il reprenait en précaire les biens recommandés, quelquefois des biens plus considérables.

En Germanie, par suite de la vie nomade et aventureuse des Francs, ces biens étaient généralement mobiliers. Après la conquête, la recommandation s'appliqua surtout aux terres ; et selon que ces concessions furent faites avec ou sans redevance annuelle, nous avons l'origine du bail à cens ou l'origine du fief.

La conséquence immédiate de la recommandation était de faire passer le recommandé sous l'autorité et la juridiction du « *senior*, » d'où est venu le mot seigneur. La plus grande analogie existait donc entre la condition de ces « *commendati* » et celle des « *mansorii* » dont nous avons parlé plus haut.

Du reste, ici comme dans le cas précédent, il arriva souvent que des concessionnaires qui ne devaient que la fidélité ou une redevance avec des services guerriers, furent amenés à un état voisin du servage.

Si le *commendatus* conservait son caractère véritable, son droit sur le fonds était assez étendu : il n'était autre que le droit de propriété lui-même, grevé seulement de charges réelles envers son « *senior* ». A l'origine, il pouvait renoncer à sa concession; mais grâce à son pouvoir de juridiction, le *senior* finit par lui enlever ce droit. La transmissibilité du droit aux héritiers et le droit d'aliéner, douteux au début, vu le caractère personnel de ces concessions, finirent par s'introduire dans les usages, puis dans la loi; un droit de mutation rappela l'ancien droit du concédant. L'inexécution des engagements réciproques et le non paiement du cens, entraînaient déchéance.

On voit que la recommandation et l'emphytéose, si elles ont quelque analogie, offrent une différence essentielle, puisque la recommandation est faite surtout pour établir un rapport entre deux personnes et que la modification de la propriété foncière n'y figure que comme accessoire.

III. — L'origine des bénéfices est un problème encore controversé, et tous nos publicistes, dit M. Pepin Le Halleur, semblent s'être fait un point d'honneur d'avoir chacun leur système personnel sur leur développement.

Trompés par la similitude de noms, certains auteurs ont cru que ces bénéfices n'étaient qu'une dérivation des bénéfices romains. Ces auteurs n'ont pas saisi la différence fondamentale qui devait nécessairement exister entre les bénéfices romains, concessions faites par l'empereur seul à des soldats ou à des barbares pris en masse, à la charge de défendre les frontières, et les concessions individuelles en usage chez les Germains, lesquelles faites par des chefs ou par le roi, entraînaient un lien personnel entre concédants et concessionnaires.

Pour nous, les bénéfices de l'époque franque dérivent de cette espèce de clientèle militaire si commune chez les Germains, qui s'attachait aux chefs les plus renommés par leur bravoure et leurs richesses, qui les accompagnait dans leurs expéditions guerrières, et recevait en récompense de son dévouement des armes, des chevaux et de copieux festins. Ces coutumes subsistèrent après l'établissement des Barbares dans les Gaules, et les donations immobilières remplacèrent les anciens présents.

Les rapports entre chefs et fidèles ou comites, avaient changé de nature avec le changement de genre de vie et avaient pris un caractère territorial. Ce sont les terres ainsi données qu'on appelle bénéfices. Dans un sens plus restreint et plus récent, ce terme s'applique aux seules concessions faites sans charge de redevance.

Ces concessions personnelles et viagères étaient révocables si le bénéficiaire rompait le lien de fidélité qui le rattachait au donateur; mais peu à peu elles devinrent héréditaires en fait, puis en droit. Le concédant reste propriétaire; le concessionnaire n'a qu'un droit de jouissance qui s'étend à mesure que le principe d'hérédité se fixe davantage. Le bénéfice ne peut guère se comparer à l'emphytéose : il s'en sépare au contraire profondément, en ce qu'il est occasionné par un lien personnel, résultat d'une pure libéralité, et en ce que la charge qui grève le donataire, loin d'être pécuniaire, ne consiste que dans la fidélité et le service militaire.

Mais ce qui, à l'époque franque, donne surtout aux bénéfices un cachet d'originalité, c'est la fonction de juge. A raison même du bénéfice, le bénéficiaire se trouvait sous la garde du concédant, son seigneur, qui le couvrait et répondait pour lui. C'était donc au seigneur à juger ses fidèles, comme il jugeait les gens de sa maison. Mais, par un phénomène remarquable, que M. Laboulaye attribue à l'introduction des hommes libres dans les vassalités, là, reparurent tous les privi-

léges des hommes libres, et, comme le Franc ne peut
être jugé que par ses pairs, le bénéficiaire doit être jugé
par les autre fidèles réunis sous la présidence du Comte
du Palais.

IV

DE L'EMPHYTÉOSE PROPREMENT DITE.

Nous avons épuisé la nomenclature des contrats
usuels en Gaule pendant la période franque, et qui peuvent offrir quelque analogie avec l'emphytéose. Reste à
savoir si l'emphytéose proprement dite, telle qu'elle
était en usage dans le Droit romain, fut pratiquée pendant l'époque franque?

Les monuments qui en font mention ont tous trait à
l'emphytéose ecclésiastique, mais nous croyons qu'il serait exagéré d'en conclure que l'emphytéose n'était pratiquée que par l'Église ; si les formulaires qui nous sont
parvenus émanent de clercs, c'est que la société laïque
de l'époque n'était guère capable d'avoir des titres régu-
liers.

Deux constitutions sur trois, qui composent le titre
« De jure emphyteutico » au Code, émanent de Justinien. On peut donc être surpris, à première vue, de

rencontrer cette institution dans les temps postérieurs à l'invasion germanique, d'autant plus que les chartes de cette époque, le manuel intitulé *Petri exceptiones,* et plus tard les capitulaires n'appliquent, ainsi que nous l'avons dit plus haut, l'emphytéose qu'aux biens des Églises, toutes choses qui paraissent corroborer l'opinion de ceux qui pensent que les habitants de l'Empire d'Occident n'ont connu, sur la concession qui nous occupe, que les lois de Théodose ; mais il faut se souvenir que, dans le court intervalle qui sépare la chute de l'empire des Ostrogoths de l'établissement des Lombards, Justinien gouverna l'Italie et qu'il s'empressa d'y faire publier ses recueils officiels de Droit romain, et que, pendant nombre d'années encore, l'Empire d'Orient posséda l'exarchat de Ravenne ; enfin, et ce qui tranche la controverse, la règle mentionnée dans les exceptions est tirée des recueils de Justinien ; ils étaient donc connus en Occident. On peut toutefois conclure de ce silence des textes que, dans cet empire, l'emphytéose avait été, dans la pratique, très-peu appliquée aux biens des particuliers.

CHAPITRE DEUXIÈME

ÉPOQUE FÉODALE ET MONARCHIQUE

De certains contrats se rapprochant de l'emphytéose.

Comme dans la période de transition que nous venons d'étudier, nous devrons, dans cette période, parler de plusieurs institutions qui ont avec l'emphytéose de nombreuses analogies.

Un trait distinctif de cette époque intéressante, c'est le maintien du régime des *latifundia,* qui, d'une part, amenèrent la ruine irrémédiable de l'Empire romain, et que nous retrouvons ici comme le fondement de notre société moderne. Les seigneurs ont remplacé les grands propriétaires d'autrefois, et, au lieu d'aboutir aux mêmes conséquences, c'est-à-dire à la misère et à la dépopulation, nous voyons s'ouvrir devant nous une ère de prospérité et d'améliorations ininterrompues.

La substitution du travail, relativement libre au travail servile, sous l'influence des idées chrétiennes, ne dut pas être étrangère à ce changement; d'autre part, les *latifundia* ne restèrent réunies dans les mêmes

8

mains qu'en apparence ; elles se trouvaient, en réalité, exploitées par des tenanciers plus ou moins nombreux qui, grâce aux modes de tenure extrêmement variés à cette époque, en arrivèrent, moyennant des redevances minimes, à acquérir sur le sol des droits qui les rapprochaient beaucoup de la propriété, de sorte que lorsque éclata la Révolution française, elle ne fit, en les déclarant propriétaires, que légaliser une situation de fait.

Voici l'ordre dans lequel nous comptons procéder : passer rapidement en revue les diverses institutions féodales qui ont, avec l'emphytéose romaine, diverses analogies. Voir dans un chapitre suivant, si celle-ci existe encore avec ses principaux caractères, et indiquer les changements survenus.

I

DU FIEF

Un ancien auteur a pu dire : « *Feudum in fidelitate consistit.* » C'est, qu'en effet, la fidélité est l'essence du fief. Outre les droits pécuniaires, les prestations et les services qui peuvent lui être imposés, le vassal est tenu envers son seigneur d'une foule de devoirs, surtout moraux, qui ne sont pas limitativement désignés : il faut qu'il défende l'honneur de son seigneur, qu'il lui donne son cheval dans la bataille, qu'il le rachète de la captivité. C'est par ce côté moral que le fief se distingue surtout du bénéfice dont nous avons déjà parlé; mais il s'en distingue encore par son origine. Les fiefs furent concédés à la charge de service militaire : le bénéfice, au contraire, était une concession gratuite dans laquelle la politique n'avait rien à voir : d'où, dans la pratique à l'origine, indivisibilité des fiefs, tandis que la propriété bénéficiaire fut toujours patrimoniale. Une troisième différence c'est la retenue du domaine direct, ou directe seigneuriale. Le seigneur était censé, sous les deux premières races, n'avoir abandonné que le domaine utile, usage, jouissance et même disposition. — Le domaine direct comprend des droits purement honorifiques, et l'espoir de réunir la propriété complète dans certains cas prévus.

Étudions maintenant le fief en lui-même. Dumoulin le définit : « Une concession libre, gratuite et perpétuelle d'une chose immobilière ou réputée telle, avec translation du domaine utile, et réserve de la propriété directe à charge de fidélité et de services. » Le vassal recevait la saisine et prenait possession du fief par l'investiture. Cette investiture était quelquefois tacite, lorsque le vassal, qui ne pouvait jamais être dispensé de la foi, était dispensé de l'hommage, en vertu d'une convention particulière.

Le vassal, après avoir reçu l'investiture, avait la pleine

disposition de son fief. S'il voulait vendre, il se présentait devant le seigneur avec le futur acquéreur, se dessaisissait entre les mains du suzerain qui recevait la foi de l'acheteur et lui confiait la saisine. Plus tard, l'intervention du seigneur fut même jugée inutile, et ce n'était qu'après la perfection du contrat que le nouveau seigneur venait offrir la foi au suzerain. Retenons donc qu'à aucune époque le seigneur n'eut le pouvoir de refuser l'investiture au nouvel acquéreur, ce qui nous mène déjà loin de l'emphytéose romaine, où nous savons que le consentement du *dominus* était toujours nécessaire. D'après le droit féodal, au contraire, le seigneur ne peut exercer aucune fin de non-recevoir fondée sur la personne de l'acquéreur.

A côté de cette différence, nous pouvons faire un rapprochement : nous savons que, d'après les constitutions impériales, un droit de *laudemium,* tarifé au cinquantième du prix, était exigé du nouvel emphytéote. Ce droit de mutation fut maintenu au moyen âge et même aggravé : toutes les coutumes le reproduisent sous le nom de *quint* ou cinquième denier. Seulement, ce qui dans le Droit romain était logique, puisque le *laudemium* n'était que le prix du consentement du *dominus,* ne se comprend pas dans le droit coutumier où le seigneur devait nécessairement accepter le nouvel acquéreur. On ne peut guère expliquer le maintien de ce droit que par pur esprit de fiscalité.

En Droit romain, le fonds passait aux héritiers de l'emphytéote sans aucun profit pour le *dominus* : en droit féodal, il n'en est pas de même : l'héritier doit le droit de *relief*, c'est-à-dire qu'il achète la survivance du fief en payant au seigneur le revenu d'une année. Et ce qui nous montre bien encore que ce droit de relief n'est qu'un produit de l'esprit de fiscalité, c'est cette étrange invention de l'homme vivant et mourant, lorsque les fiefs étaient possédés par des gens de main-morte : « L'homme vivant et mourant est baillé au seigneur pour servir de règle et de mesure à la vie naturelle d'un vassal, parce que l'Eglise qui possède le fief ne meurt point ; c'est pourquoi il faut qu'elle donne au seigneur un certain homme qui soit censé son vassal, afin que par sa mort il arrive au profit du seigneur ce qui arriverait par la mort naturelle du véritable propriétaire du fief. »

Un nouveau point de contact entre le fief et l'emphytéose consiste dans le retrait féodal. Le retrait est fort ancien et est contemporain du fief : on le rencontre, en effet, dès l'an 977, dans la charte de rétablissement du monastère de La Réole. En vertu de ce droit de retrait, le seigneur peut, en remboursant le prix et les loyaux coûts du contrat, exercer un droit de préemption sur le fief vendu par son vassal, dans les quarante jours, à compter de la notification de la vente. Ce droit dérive de la L. 3, C., *De jure emphyteutico*, et, de même que le droit de préemption emphytéotique, il ne s'exerce qu'en cas de vente seulement. Plus tard, concurremment avec le retrait féodal, surgirent une foule d'autres retraits, dont le plus important est le retrait lignager, dont le but était la conservation des biens dans la même famille, par la faculté donnée au parent du vendeur du côté duquel provenait l'héritage, de prendre l'opération pour son propre compte en payant à l'acheteur la somme déboursée.

On pourrait encore tirer de l'indivisibilité du fief à l'origine, un nouveau rapprochement avec l'emphytéose. Nous savons, en effet, que le juge de l'action *familiæ erciscundæ* devait adjuger en bloc le fonds emphytéotique à l'un des héritiers de l'emphytéote : mais dans le Droit romain, cette disposition avait pour but de ne pas trop porter atteinte à la condition du *dominus*, en le forçant à recevoir son canon divisément, tandis que dans le droit féodal, le motif était tout différent ; on voulut avant tout rendre possible la prestation du service militaire qui eût été bien difficile avec la division du fief à l'infini. Aussi, l'idée de patrimonialité et de partage successoral du fief ne se fit-elle jour que quand le service militaire ne fut plus de l'essence même du fief.

D'après le droit coutumier, le démembrement du fief ne pouvait avoir lieu sans le consentement exprès du seigneur. Mais en cas de contravention, que va-t-il se passer ? Dirons-nous, avec Dumoulin, que la foi étant indivisible, l'acquéreur pour partie devra la foi pour le tout, et par suite le droit de mutation en entier? Cette solution concorde peu avec la lettre de la Coutume de Paris qui porte une interdiction formelle : aussi, Duplessis était-il d'avis que le démembrement opéré *irrequisito domino*, donnait lieu à la saisie féodale, qui donnait la jouissance des fruits au seigneur et forçait l'acquéreur à se départir du fief.

Les coutumes qui défendaient le démembrement autorisaient cependant le *jeu de fief*, qui n'était en somme qu'une sorte d'aliénation partielle. Cette contradiction apparente s'explique par les besoins de l'époque : en effet, par la vente de son fief, le vassal brise toute relation entre son seigneur et lui, de même qu'entre lui et son acquéreur, et, s'il ne possède pas d'autre terre, le voilà en dehors de cette hiérarchie féodale si fortement constituée, le voilà ensuite privé des droits honorifiques que l'on prisait si fort à cette époque. Le *jeu de fief* fut précisément la combinaison imaginée pour permettre au vassal de tirer parti de son fief, en concédant à un tiers les profits utiles seulement; ce qui lui permettait de conserver avec son suzerain les relations féodales et même d'en créer de nouvelles à son profit ; Merlin a défini le jeu de fief : « une séparation du corps et du titre du fief s'opérant par l'aliénation de ce fief, avec réserve de la foi, et imposition d'un devoir domanial et seigneurial. » En réservant la foi, le vassal conserve son lien avec son seigneur; et par l'imposition d'un devoir seigneurial il devient à son tour seigneur dominant à l'égard des acquéreurs.

Il nous reste à dire quelques mots de la manière dont le contrat de fief peut prendre fin, surtout en ce qui concerne les effets de la commise et de la prescription. Faisons d'abord une remarque générale, c'est qu'à la différence de l'emphytéose, la commise n'a jamais lieu de plein droit et le vassal a un certain délai pour purger sa faute.

Les causes de commise peuvent toutes rentrer dans une seule, ainsi que le font remarquer les feudistes : l'ingratitude du vassal ; ils considèrent surtout l'importance du devoir moral auquel le seigneur a droit, la fidélité. Or, d'après la Coutume de Paris, l'ingratitude peut se manifester par le désaveu et la félonie. Mais qu'entendre par désaveu ? On tenait pour désaveu le refus opiniâtre du vassal de faire la foi et hommage au seigneur. Le juge faisant dans ce cas application du vieil adage : « qui fief denie, fief perd », prononçait généralement la commise. Les causes de désaveu n'étaient pas, d'ailleurs, limitativement déterminées, et Dumoulin exigeait comme condition nécessaire que le désaveu fût fait malicieusement, témérairement et non par erreur.

La seconde espèce d'ingratitude est la félonie, que l'on définit « une déloyauté insigne du vassal envers son seigneur ». L'énumération des faits emportant félonie ne se rencontre pas dans les coutumes, d'où il suit que le juge

appréciait souverainement la gravité de l'offense. On peut
citer comme principaux cas de félonie : le démenti donné
au seigneur en présence de témoins, la tentative d'assas-
sinat, le fait de s'être porté faussement accusateur contre
lui dans une affaire capitale, l'injure atroce.

Telles étaient les causes de commise dans le droit
commun des fiefs. Dans tous les autres cas où le vassal
n'exécutait pas les obligations dérivant du contrat de fief,
la sanction consistait dans la saisie-féodale.

Quels peuvent être les effets de la prescription en matière féodale?

Le seigneur qui a saisi féodalement peut-il usucaper
sur son vassal la pleine propriété du fief? La Coutume de
Paris statue que l'usucapion ne pourra avoir lieu, quand
même le seigneur aurait joui par ce moyen plus de cent
ans. Le seigneur saisissant, en effet, ne possède pas
animo domini : sa possession est infectée du vice d'u-
sufruit ou de dépôt, et la possession, aussi longue qu'elle
fût, ne pourrait purger le vice de ce titre. De même le
vassal ne peut jamais prescrire, contre son seigneur, la
foi qu'il lui doit par application de la Règle romaine, que
nul ne peut prescrire contre son titre. D'après la Coutume de Paris, le vassal pouvait, au contraire, invoquer
la prescription trentenaire pour repousser la demande
de profits seigneuriaux arriérés, et même pour modifier
le taux de ces produits.

II

DU BAIL A CENS (1).

Le bail à cens a été défini par Dumoulin : « Un contrat dans lequel un seigneur livre la propriété d'un fonds contre un modique canon annuel imposé en reconnaissance du domaine direct. » Ce canon se nomme le cens, et on désigne par censive, soit le droit du seigneur, soit le fonds objet du contrat.

La censive, en faisant acquérir au seigneur des tenanciers roturiers, lui procurait, par là même, de grands avantages, car cette population agricole, non-seulement fécondait sa terre et augmentait sa richesse, mais elle lui fournissait encore autant de justiciables pour sa juridiction patrimoniale, de producteurs pour ses taxes diverses. Cette institution se développa surtout quand l'abolition du servage eut émancipé les colons de la période franque.

C'est improprement que le nom de bail a été donné au contrat qui nous occupe ; nous ne retrouvons pas ici, en effet, la condition essentielle des baux, c'est-à-dire la livraison de la jouissance contre un équivalent ; ce n'est plus la simple jouissance de sa terre, c'est le domaine

(1) Dumoulin, sur l'art. 3 de la Cout. de Paris, gl. IV, n⁰ˢ 10-15.

utile que donne le seigneur, et le censitaire devient complètement propriétaire, sauf, bien entendu, les droits
éventuels et honorifiques, qui restent l'apanage du domaine direct. Une autre différence, c'est que la censive
tient au régime féodal et que le seigneur, seul, peut ainsi
concéder ses terres. Un héritage roturier ne peut, dans
aucun cas, servir de matière à censive; ce qui, d'ailleurs,
nous montre clairement qu'il faut se garder de confondre
la censive et le bail ordinaire, c'est le peu de proportion-
nalité qui existe entre la redevance et la valeur de la production. Toutes les coutumes nous disent que, quelle que
fût la fertilité du sol et l'importance du rendement, le
cens ne consistait qu'en quelques sous par arpent. Il ne
faut donc voir dans le cens que la simple reconnaissance
du domaine direct, et nous nous trouvons alors en présence d'une analogie frappante avec le canon emphytéotique, sauf cette différence que, dans l'emphytéose
romaine, ce n'était pas la directe que l'on réservait, mais
la vraie propriété.

Le bail à cens prend généralement sa source dans le
contrat intervenu librement entre le seigneur et le censitaire. Et cela est surtout vrai dans les pays allodiaux,
où un titre est toujours nécessaire au seigneur pour exiger
le cens. Dans les autres pays, un titre n'était pas indispensable, et il suffisait qu'une terre fût enclavée dans
une seigneurie pour être sujette au cens. Cela résulte de
l'article 35 de la Coutume d'Angoumois, dont voici les

termes : « Tout seigneur ayant territoire limité est fondé, par la commune observance, de se dire et porter seigneur direct de tous les domaines et héritages en icelui, et, au moyen d'icelle directité, s'il trouve en ses limites terres possédées sans devoirs, peut sur icelles asseoir cens, tel conforme et semblable, qu'il est assis ez-terres voisines de son territoire. »

Il n'y avait point lieu, dans notre contrat comme dans le fief, à foi et hommage ; mais les relations du seigneur censier et du censitaire ont beaucoup d'analogie avec celles du seigneur féodal et du vassal. Le cens qui consistait quelquefois en denrées, mais le plus souvent en argent, était portable et aussi indivisible, ce qui le rapprochait du canon de l'emphytéose romaine. Mais il s'en distinguait, d'autre part, par ce fait que si le censitaire ne payait pas le cens à l'échéance, la Coutume de Paris édictait contre lui deux peines, la saisie et l'amende, mais jamais la commise, quel que fût le nombre des canons impayés. Cette saisie pouvait avoir pour objet trente arrérages au maximum (art. 74) ; mais en consignant la valeur des trois dernières années, le saisi obtenait main-levée, le seigneur n'ayant pour les autres qu'une simple action personnelle. Cette saisie diffère de la saisie féodale, qui mettait le seigneur en possession complète de l'héritage, en ce que, dans notre espèce, il s'agit d'une saisie purement conservatoire, ne portant que sur les fruits pendants par branches et par racines.

Quant à l'amende infligée au censitaire qui n'a pas payé à l'échéance, la Coutume de Paris la fixait à cinq sous parisis. Ces deux peines, l'amende et la saisie, pouvaient se cumuler, car leur but était différent, la saisie tendant à assurer le paiement du cens, l'amende à punir l'injure faite au seigneur direct. Toutes les fois que le cens était portable, ce qui était la règle générale, l'amende était encourue le jour même de l'échéance, de sorte que le débiteur ne bénéficiait pas de la règle : *Dies interpellat pro homine.* Si, au contraire, le cens était quérable, l'amende n'était encourue que pour refus formel.

Ici, comme en matière d'emphytéose, la quotité primitivement fixée ne peut être diminuée pour cause de stérilité ou de perte partielle du fonds. Plusieurs coutumes sont formelles sur ce point.

Nous avons vu que la nature du cens est surtout honorifique et qu'il n'a aucun rapport avec les fruits ; il suit de là que le censitaire peut user et jouir comme il l'entend de la chose accensée, y faire des changements de nature à causer une diminution dans les produits. On a objecté que les droits dus en cas de mutation, étant proportionnels à la valeur du fonds, le seigneur a intérêt à ne pas laisser diminuer la valeur de l'immeuble : On peut répondre que ces droits, étant purement casuels, il n'y a pas lieu de les faire entrer en ligne de compte. Cependant, nous trouvons une exception à notre principe, et les commentateurs admettent que si l'objet de la concession consiste uniquement dans une maison considérable, le censitaire ne pourrait la détruire pour convertir le sol en terre labourable, d'abord parce que la diminution de valeur serait par trop excessive, ensuite parce qu'on suppose que, dans ce cas, l'accessoire a pris la place du principal, et que le but spécial de la concession a été la perception des droits de mutation. Nous trouvons donc, sur ce point, une différence notable entre le cens et l'emphytéose.

- Le censitaire peut aliéner sans autorisation du seigneur : mais il doit lui notifier cette aliénation dans les vingt jours, et l'article 77 de la Coutume de Paris fixe à un écu et quart l'amende dont il est passible en cas de retard. Cette notification a pour but de permettre au seigneur de percevoir le droit de mutation que doit le nouveau censitaire, et qui est ici désigné sous le nom de *lods* et *ventes,* tandis qu'en matière de fiefs, nous lui avons vu donner le nom de *quint :* sauf le taux qui est différent, ces deux droits offrent la plus complète analogie. Le nom seul est changé, mais la chose reste la même. La liberté de disposition du censitaire souffre cependant une restriction ; nous voulons parler de l'impossibilité où il se trouve de donner lui-même à cens l'immeuble qu'il a reçu. La censive, en effet, si elle est seigneuriale par rapport au concédant, est roturière par rapport à toute autre personne, et les règles du jeu de fief ne peuvent ici recevoir leur application : propriétaire roturier quant à la censive, le censitaire ne peut en faire dériver avec d'autres personnes des relations féodales; s'il donne à cens l'immeuble accensé, le bail ne vaudra que comme rente foncière. Il n'y aura lieu ni à lods et ventes, ni à amende, ni à saisie censuelle.

La saisie était spéciale au recouvrement du cens, et cela se comprend facilement, si l'on songe que le cens, étant seul un droit réel et foncier, doit amener logiquement une action sur l'immeuble même. Au contraire, en cas de non paiement des ventes et amendes pour retard, le seigneur n'avait qu'une simple action personnelle contre le censitaire, car les produits casuels sont dus par ce dernier comme une créance personnelle et non comme des droits réels.

Le bail à cens prenait fin seulement par la perte de la chose, la consolidation et la prescription. Notons, toutefois, que la prescription ne peut s'appliquer au fond même du droit, puisque la présomption légale regarde le seigneur, comme censier de tout ce qui est enclavé dans sa seigneurie. Mais la prescription s'appliquera, au contraire, à la quotité du droit, et des versements successifs et identiques effectués pendant trente ans, pourront donner lieu à la prescription, soit acquisitive soit libératoire, au profit du seigneur ou au profit du censitaire.

III

DU BAIL A RENTE FONCIÈRE.

Nous trouvons dans Pothier (1) la définition suivante du bail à rente foncière : « C'est un contrat par lequel une des parties cède à l'autre un héritage ou quelque droit immobilier, s'engageant à le lui faire avoir à titre de propriétaire, sous la réserve d'un droit de rente annuelle, d'une certaine somme d'argent ou d'une certaine quantité de fruits qu'il retient sur cet héritage, et que l'autre partie s'oblige à lui payer tant qu'elle possédera ledit héritage. » C'est en résumé une vente laissant subsister sur le fonds un droit de servitude. En Droit romain, les servitudes prédiales consistaient toujours, *in faciendo* ou *in non faciendo,* jamais *in faciendo* ou *in præstando*. Cette conception de rendre un fonds débiteur d'une somme d'argent, abstraction faite du possesseur, est donc une innovation du moyen âge.

Quoi qu'il en soit, c'était une idée généralement reçue que le bail à rente foncière opérait une sorte de démembrement de la propriété, et Pothier, dans son *Traité du*

(1) Pothier, du Bail à rente foncière, n° 1.

bail à rente foncière n° 107, fait ressortir, en ces termes, ce caractère :

« Le droit de rente foncière étant une espèce de
» démembrement de l'héritage que le bailleur ne trans-
» fère par le bail au preneur que sous la déduction du
» droit de rente qu'il y retient, on peut dire que la pro-
» priété de l'héritage se trouve en quelque sorte parta-
» gée entre le preneur ou ses successeurs, qui ne l'ont
» que sous la déduction de la rente, et le bailleur ou
» ses successeurs créanciers de la rente, à qui elle
» appartient pour le surplus. »

La manière de voir de De Laurière (1), dans ses savantes
notes sur la Coutume de Paris, diffère un peu de celle de
Pothier. Il y avait plutôt, aux yeux du profond jurisconsulte, démembrement de la chose que démembrement de la propriété. Un point absolument incontestable, c'est que, sous la déduction de la partie du fonds
représentée par la rente foncière, le preneur était investi
du droit de propriété tel qu'il avait existé au profit du
bailleur.

Toutes les améliorations survenues par cas fortuit pro-
fitaient au preneur ; et réciproquement les dépréciations
ou détériorations résultant du cours naturel des choses
ou survenues par cas fortuit étaient à sa charge. Enfin
le preneur, propriétaire du fonds, pouvait toujours alié-

(1) Notes sur les art. 59, 83, 87, 99 et 100 de la Coutume de Paris.

ner ses droits sans autorisation et sans être astreint à aucun droit de mutation.

Nous venons de voir que le preneur possédait à titre de propriétaire l'héritage qui lui avait été donné à rente foncière; mais quant à cette portion idéale de la chose représentée par la rente foncière n'était-il pas au moins un possesseur précaire ? Non.

Car on désigne sous le nom de détenteur précaire celui qui possède au nom d'autrui. Or, ici, le preneur n'était pas constitué par son titre, simple détenteur chargé de conserver la chose au bailleur, il était réellement propriétaire. S'il possédait l'héritage sans payer la rente, sa possession débordait son titre suivant la remarquable expression de M. Troplong; en d'autres termes, il possédait intégralement ce qui lui avait été donné partiellement. Il y avait usurpation, mais non pas possession à titre précaire, ce qui eût empêché la prescription trentenaire, tandis que dans notre espèce, le preneur qui, pendant trente ans, avait possédé l'héritage sans payer la rente foncière, avait prescrit la franchise de cet héritage. Ainsi, la rente foncière n'était pas imprescriptible, mais elle était irrachetable. Toute clause contraire était impuissante à changer la nature de la rente, et le bénéfice d'une pareille clause était nul, si le preneur ou ses ayants-cause n'en usaient pas dans le délai de trente ans.

La rente foncière s'éteignait de diverses manières. D'abord, par la perte de la chose arrivée par cas fortuit;

mais il faut que la perte soit complète, car chaque partie de l'héritage, aussi minime qu'elle soit, est sujette au paiement intégral. Ainsi, l'incendie du bâtiment n'éteint pas la rente foncière due par une maison, parce qu'il reste encore le sol. La rente foncière s'éteignait encore par suite d'une faculté remarquable qu'on accordait au preneur, connue sous le nom de *déguerpissement*. Les rentes foncières étant dues par les fonds et non par les personnes, il était logique d'admettre qu'en abandonnant le fonds, les détenteurs pourraient se libérer de la charge d'acquitter les arrérages de la rente ; nous ne parlons, bien entendu, que des arrérages à venir. Quant aux arrérages échus, ils en étaient tenus personnellement.

La rente foncière, à la différence de la censive, ne se présumait jamais ; il fallait rapporter une preuve directe du contrat originaire. Toutefois, le titre primitif n'était pas nécessaire, et on se contentait d'un simple titre récognitif.

Ce contrat était d'une grande utilité pour le propriétaire de la rente foncière, qui jouissait ainsi des avantages réunis de la propriété mobilière et de la propriété foncière. La position du propriétaire de l'héritage, au contraire, était loin d'être enviable : tous les risques, toutes les charges lui incombaient, et c'est pour venir à son aide qu'on lui réserve la triste faculté du déguerpissement. Au point de vue des résultats, le bail à rente foncière était onéreux pour le cultivateur ; aussi la jurisprudence l'a-t-elle toujours vu avec défaveur ; et jusqu'à la grande mesure révolutionnaire, qui déclara rachetables toutes les rentes foncières, nous trouvons plus d'un précédent qui commence l'œuvre que devait achever la faveur de ce grand principe, connu sous le nom de *liberté des héritages*. Ainsi, même sous l'ancienne monarchie, on en était arrivé à ce point que le propriétaire qui grevait d'une rente foncière le fonds qu'il voulait conserver, était considéré comme un emprunteur. Il n'était pas copropriétaire, mais débiteur ; d'où on tira le principe que ces rentes étaient rachetables à perpétuité. De sorte que, désormais, la rente foncière ne put résulter que d'un bail à rente foncière ; et, dérogation autrement grave que la première, sous la pression de l'opinion publique, le législateur dut en arriver à déclarer ces rentes rachetables lorsqu'elles grevaient des maisons.

IV

DU BAIL A BOURDELAGE.

Le bail à bourdelage est l'institution coutumière qui offre les plus grandes analogies avec l'emphytéose romaine. Argou et le Répertoire de jurisprudence le considèrent comme un cas particulier du bail à cens ; c'est à tort, selon nous, car le bail à bourdelage s'appliquait également aux fonds nobles et aux fonds roturiers et n'était pas essentiellement féodal, ainsi que nous le montrent plusieurs textes, notamment l'article 1, tit. 6, de la Coutume de Nivernais : « Toutes manières d'héritages se peuvent bailler à bourdelage, soient maisons..... et autres de quelque espèce qu'ils soient. »

Le preneur avait un droit réel et perpétuel, et sauf quelques restrictions qui identifiaient sa position avec celle de l'emphytéote romain, le bail lui conférait tous les avantages naturellement compris dans le droit de jouissance; ainsi, le bordelier ne devait faire subir à la chose aucun changement susceptible de la détériorer : il n'avait pas la libre disposition des améliorations provenant de son fait dès qu'elles se trouvaient incorporées à l'héritage, et ne pouvait même pas, dit Coquille (1), exploiter à son profit les carrières ou minières découvertes sur le fonds « parce que, *in dubio;* le bail qui lui avait été fait est censé estre, selon la nature et estat de choses qui estait au temps de la concesion ». Mais, en revanche, pourvu qu'il laissât la chose bordelière en bon état et qu'il eût acquitté les charges pour le passé, il avait la faculté de délaissement.

Comme l'emphytéote dans le premier état du Droit romain, le preneur à bourdelage ne pouvait pas, dans

---

(1) Art. 2, tit. 6, Coutume de Nivernais.

l'origine, aliéner son droit sans le consentement du seigneur bordelier. Dans la suite, le droit d'aliéner, *irréquisito domino;* finit par s'introduire lorsque les coutumes eurent « par composition, arbitré le prix selon lequel le seigneur devait vendre son consentement (1) ». Toutefois, ce droit d'aliéner ne fut jamais absolu, nous dit Coquille, et le preneur ne pouvait, « outre le gré de son seigneur, vendre rente sur son tenement ou le bailler à rente ». Cette prohibition tient à l'obligation où se trouvait le preneur de ne pas démembrer la chose bordelière, et la raison, ajoute Coquille (2), « pour laquelle le partage ou démembrement en pièces séparées est défendu, c'est qu'il engendre confusion et desréglement en la prestation de la redevance ». Le motif donné par Coquille nous explique pourquoi on ne considérait pas comme démembrement prohibé l'aliénation au profit du maître d'une communauté, bien qu'elle eût pour conséquence l'acquisition d'une part indivise par chacun des parsonniers. Il en était de même de l'admission d'un nouveau parsonnier dans la communauté qui jouissait déjà du bail; enfin, n'étaient pas non plus comprises dans la prohibition, les réparations qui devaient durer moins de dix, vingt ou trente ans, faites par les cultivateurs pour faciliter leur labourage.

(1) Art. 23, tit. 6, même Coutume.

(2) Dans son commentaire sur l'Ensemble 11, 12 et 13, tit. 6, Coutume de Nivernais.

La violation des règles qui prohibaient le démembrement entraînait la peine de la commise ; mais, par une indulgence toute particulière de la coutume, le détenteur bordelier avait encore, à partir du commandement du bailleur, un délai d'an et jour pour remettre les choses en leur état primitif. La jurisprudence, plus indulgente encore, finit même par n'appliquer la commise qu'aux pièces démembrées et par réduire proportionnellement la redevance. Or, comme dans bien des cas, il était plus avantageux pour le preneur de se débarrasser de quelques pièces d'une exploitation onéreuse, que pour le bailleur de profiter de cette commise, restreinte aux pièces démembrées ; on peut dire que cette jurisprudence équivalait implicitement à l'autorisation de démembrer.

Nous avons vu plus haut que le seigneur ne pouvait s'opposer à l'aliénation faite par le détenteur ; il convient d'ajouter que le consentement du seigneur, quoique forcé, n'était pas gratuit, le prix en était même exorbitant : il consistait dans le tiers du prix réel de l'héritage et était perçu dans tous les cas d'aliénation.

De même que le seigneur censier, le seigneur bordelier jouissait, en cas de vente, du droit de rétention, pouvu qu'il désintéressât l'acquéreur des frais et loyaux coûts du contrat. Mais il ne pouvait cumuler ce droit avec la perception du tiers « denier ».

Le bail à bordelage a emprunté à l'emphytéose la commise faute de paiement, et nous nous trouvons ici en plein Droit romain. Comme dans l'emphytéose, le délai est de trois ans ; la déchéance est aussi des plus rigoureuses et a lieu de plein droit. Nous n'entendons pas dire par là que le seigneur pût expulser le détenteur bordelier de vive force ; il devait, au contraire, intenter l'action possessoire ; mais il est vrai de dire que la déchéance avait lieu de plein droit, en ce sens que l'intervention de la justice n'était pas nécessaire pour faire rentrer le seigneur dans la propriété et la saisine de l'héritage.

De même encore que dans le Droit romain, la commise était une peine toute pure : elle ne se cumulait pas avec les arrérages échus, au paiement desquels le détenteur restait tenu. Cette peine était donc très-rigoureuse; aussi, dans l'application, on la restreignait autant que possible, et la Coutume de Nivernais n'admettait la commise que contre le détenteur qui cessait de payer la redevance pendant trois ans consécutifs. La commise était également encourue par l'héritier ou successeur qui, ayant payé deux années de suite la redevance, cessait ensuite le paiement pendant trois ans. Ce fait, pour l'héritier ou successeur, d'avoir payé la redevance pendant deux ans déjà, pour pouvoir encourir la peine de la commise, semble bizarre au premier abord. Cette disposition est cependant fort logique; le législateur voulait que la mauvaise foi fût bien démontrée, et il lui paraissait par trop rigoureux d'exercer cette peine contre

quelqu'un qui aurait pu ignorer les charges qui grevaient la succession qu'il avait acceptée. C'est pour le même motif, nous dit Coquille dans son *Commentaire de la coutume du Nivernais,* que « si le maistre de commu-
» nauté a cessé de payer la redevance que lui et ses
» parsonniers doivent, les parts desdits parsonniers ne
» seront commises, parce qu'il n'y a demeure ni contu-
» mace d'eux; et le maistre qui n'a puissance d'aliéner
» directement, ne peut obliquement, par sa faute, aliéner
» les parts que les parsonniers ont en l'héritage. Ainsi
» se dit du tuteur, la cessation duquel ne produit pas
» la commise..... »

Comme on le voit, le bail à bourdelage reçut de la coutume et de la jurisprudence plusieurs adoucissements successifs; mais il n'en restait pas moins très-onéreux et fut toujours vu avec défaveur : aussi, à défaut de titre exprès, ne présumait-on que difficilement la nature bordelière de la redevance. On en arriva même à une véritable expropriation au détriment des seigneurs bordeliers, en autorisant la conversion forcée du bail à bourdelage en bail à cens ou à rente foncière, lorsqu'il était assis sur des maisons.

CHAPITRE TROISIÈME

DE L'EMPHYTÉOSE SOUS LA PÉRIODE FÉODALE ET MONARCHIQUE

I

La première question qui se pose au seuil de ce chapitre est de savoir s'il y eut, dans l'époque féodale et monarchique, une véritable emphytéose avec sa théorie propre, ou bien si le nom d'emphytéose ne désigne que d'anciens contrats romanisés ayant chacun des règles propres et complètement distincts de l'emphytéose de Zénon et de Justinien.

D'après un grand nombre d'auteurs, l'emphytéose ne serait qu'une modification du bail à cens ou du bail à rente foncière ; et ce qui n'a pas peu contribué à donner du crédit à cette opinion, c'est que Dumoulin déclare formellement (Cout. de Paris, § 72, n° 10) que l'emphytéose du Droit romain est tombée en désuétude : « *De quo ex solo verbo emphyteuseos non continuo liquet, propter naturam ejus fere exoletam.* » Prises à la lettre, ces paroles de Dumoulin signifient que le nom d'emphytéose s'applique à une autre institution que l'emphytéose proprement dite, laquelle, désormais, ne saurait plus exister. Est-ce à dire que la question soit tranchée par ce texte de Dumoulin? Nullement. — Que déclare, en effet, le savant auteur? Une seule chose, que l'emphytéose n'existe plus. Mais de quelle emphytéose entend-il parler? De l'emphytéose romaine. Et alors, nous sommes absolument de l'avis de Dumoulin : comme lui, nous pensons que les divers caractères de ce contrat, en Droit romain, ne sauraient plus se rencontrer dans l'emphytéose de l'époque monarchique. D'ailleurs, ce qui nous prouve que Dumoulin n'a jamais confondu le bail emphytéotique avec le bail à cens et le bail à rente foncière, c'est qu'il consacre de très-grands développements à distinguer ces divers contrats les uns des autres. Au surplus, nous trouvons dans Pépin Le Halleur une citation de Boutaric qui nous semble parfaitement marquer les différences qui séparent le bail à cens de l'emphytéose : « Cette différence consiste principalement en ce qu'on ne peut bailler à cens qu'un fonds que l'on possède noble, ou bien que, pour bailler un fonds à titre d'emphytéose, il suffit de le posséder en franc alleu et indépendamment de toute seigneurie directe, quoique d'ailleurs rural et sujet au paiement des tailles, le roture n'ayant rien d'incompatible avec l'allodialité et l'indépendance. » On le voit, le bail à cens s'applique à des fonds nobles se trouvant englobés dans la hiérarchie féodale ; au contraire, l'emphytéose ne regarde que les fonds allodiaux, alors même qu'ils sont nobles.

On se rend bien compte d'une semblable distinction, si l'on se reporte à l'organisation de la propriété foncière au moyen âge. Le propriétaire d'un franc-alleu était propriétaire comme nous le sommes aujourd'hui, et fût-il noble ou roturier, il pouvait faire de sa chose ce que bon lui semblait. Le détenteur d'un fonds noble et féodal, au contraire, se trouvait gêné par les règles du fief qui s'opposaient à ce que le vassal fît absolument tout ce qu'il lui plût de sa propriété. De là, la nécessité du bail à cens dont nous avons expliqué le mécanisme.

Ainsi, dans l'un et l'autre cas, il y avait démembrement de la propriété en propriété directe et en propriété utile, mais la différence consistait dans ce que l'emphytéose ne pouvait se rencontrer que dans les francs alleux, tandis que le bail à cens s'employait pour les fonds tenus féodalement.

Pour ce qui est du bail à rente foncière, la différence avec l'emphytéose est encore plus sensible, car ici il n'y a pas en réalité démembrement de propriété, et nous ne trouvons rien d'équivalent à la directe seigneuriale. Il en résulte que toutes sortes de biens peuvent faire l'objet d'un bail à rente foncière, même ceux sur lesquels le bailleur ne pouvait se réserver aucune directe, parce qu'il n'en aurait eu que le domaine utile.

Concluons donc que le bail emphytéotique existait sous l'ancienne monarchie, indépendamment du bail à cens et du bail à rente foncière. Chacune de ces institu- tions avait sa nature propre et ses règles particulières; mais comme toutes avaient puisé quelques-unes de leurs règles dans l'emphytéose romaine, on a pu leur trouver une certaine analogie qui a amené cette confusion entre l'emphytéose et les autres contrats.

Avant d'entrer dans les détails du bail emphytéotique, notons que tout ce qui a été dit ci-dessus s'applique uniquement à l'emphytéose perpétuelle : car, à l'époque où nous nous plaçons, il existe deux emphytéoses très-distinctes, l'emphytéose perpétuelle et l'emphytéose tem- poraire, qui sont loin d'être régies par les mêmes règles.

Un premier point sur lequel apparaît déjà une diffé- rence fondamentale entre ces deux emphytéoses, c'est la question de savoir à quelle sorte de biens pouvait s'ap- pliquer le contrat emphytéotique. Nous venons de voir il y a un instant que l'emphytéose perpétuelle ne s'ap- pliquait qu'aux fonds allodiaux. L'emphytéose tempo- raire, au contraire, s'appliquait fort bien à tout autre fonds qu'aux francs-alleux, et nous en trouvons la preuve dans la controverse rapportée par Brodeau sur la ques- tion de savoir si le bail emphytéotique donnait lieu à la perception des droits des lods et ventes; or, comme c'était dans les censives seules qu'il pouvait être ques- tion de lods et ventes, le fonds dont parle Brodeau ne pouvait être qu'une censive, ce qui suffit pour nous montrer déjà une différence considérable entre l'emphytéose perpétuelle et l'emphytéose temporaire.

M. Pepin Le Halleur nous cite comme exemple d'utilité pratique de l'emphytéose temporaire les deux cas suivants : d'abord, elle procurait à un débiteur obéré un moyen de libération analogue à l'antichrèse ; en second lieu, elle était fréquemment employée par le propriétaire qui, se trouvant hors d'état de faire certaines dépenses de restauration et d'amélioration, préférait à l'expédient ruineux d'un emprunt celui d'une emphytéose temporaire qui, non-seulement avait l'avantage de conserver le patrimoine dans la famille, mais aussi de procurer au fonds une amélioration perpétuelle, moyennant une aliénation temporaire de jouissance.

Il faut donc se garder d'assimiler les deux sortes d'emphytéoses ; on voit qu'elles diffèrent d'une façon très-notoire, tout en offrant certains points de ressemblance.

Une autre controverse dont nous devons dire quelques mots avant d'entrer plus avant dans les détails du bail emphytéotique est la question de savoir pour combien de temps le bail se trouve contracté, lorsqu'on n'en a pas exprimé la durée par une clause expresse.

Selon les uns, le bail est alors perpétuel ; d'après Brodeau, au contraire, la durée du bail ne doit pas dépasser quatre-vingt-dix-neuf ans. M. Pepin Le Hal-

leur, que l'on rencontre toujours au premier rang, lorsqu'il s'agit de donner une opinion judicieuse, propose
l'explication suivante : « Dans les pays de droit écrit, où
étaient conservées les traditions romaines et où dominait
le principe de l'allodialité, la présomption devait être
pour la perpétuité de l'emphytéose. Mais dans le pays
soumis à la maxime « nulle terre sans seigneur » et sans
distinction de contrées, toutes les fois que les parties
avaient su qu'elles appliquaient à une censive le bail
emphytéotique, on devait présumer qu'elles avaient
entendu constituer seulement une emphytéose temporaire, puisqu'il ne leur eût pas été permis de constituer
une emphytéose perpétuelle. Il faut restreindre à ces
cas la décision de Brodeau, qu'à défaut de stipulation
d'un terme précis, la durée d'un bail emphytéotique est
de quatre-vingt-dix-neuf ans. »

Nous nous rallions complètement à l'explication que
nous venons de transcrire; elle a le mérite d'éviter une
controverse qui n'a pas dû exister dans l'ancienne législation. Une semblable espèce, en effet, a dû se présenter
trop souvent pour qu'il n'y ait pas eu, dans la pratique,
une décision définitive et qu'on en soit resté à une
simple controverse.

II

DROITS ET DEVOIRS DE L'EMPHYTÉOTE

Maintenant que nous connaissons la nature de l'emphytéose au moyen âge, et que nous avons fait cesser la confusion entre cette concession et les autres concessions féodales, il nous reste à étudier ses caractères.

La présente section sera consacrée entièrement aux droits et aux devoirs de l'emphytéote; nous verrons ensuite comment elle s'acquiert et se transmet, enfin comment elle s'éteint; et comme l'emphytéose temporaire ne diffère pas quant à sa nature de l'emphytéose perpétuelle, nous étudierons du même coup les règles qui les régissent l'une et l'autre, sauf à indiquer, en passant, quelques controverses de détail.

Et d'abord, comment définirons-nous le contrat emphytéotique? C'est un contrat qui a pour but de concéder à perpétuité ou pour un long temps un terrain, à l'effet par le preneur d'en jouir moyennant une modique redevance annuelle, et de ne pouvoir en être privé par le concédant qu'en cas de non paiement du canon.

Peu importait que la terre sur laquelle devait porter l'emphytéose fût noble ou roturière, mais il fallait qu'elle fût franche, c'est-à-dire alleu ; quant à la question de savoir si elle devait uniquement porter sur des terres incultes comme dans le Droit romain, la négative ne fait aucun doute, d'autant plus que déjà, à la fin de l'Empire romain, l'emphytéose était employée quelquefois pour des terres fertiles.

Notons aussi qu'une emphytéose ne pouvait être établie sur une autre emphytéose, car le concessionnaire qui aliénait, aliénait complètement, puisque, n'ayant pas le *dominium,* il ne pouvait rien retenir sur le fonds.

En s'appuyant sur la L. 3, Dig., *Si ager vectigalis,* les auteurs admettent généralement l'existence d'un minimum dans la durée de l'emphytéose ; bien plus, Cujas et Hervé soutiennent que lorsqu'une simple location dépassait cinq années, elle devenait un véritable bail emphytéotique temporaire. Nous admettons avec la majorité des auteurs l'existence d'un mininum : on comprend en effet qu'au-dessous de cinq ans l'emphytéose ne puisse guère plus remplir son but et qu'on lui applique les règles du simple louage. Mais nous ne suivrons pas Cujas et Hervé jusqu'à dire que la location qui dépasse cinq années soit une emphytéose. On a essayé d'étayer cette opinion sur le Droit romain : or, nous savons quelle profonde différence séparait à Rome le louage de l'emphytéose : le premier de ces contrats conduisait à un droit personnel, l'autre à un droit réel. On invoque la loi 1, § 3, Dig., *De superficiebus :* mais

10

on peut l'expliquer facilement de la manière suivante : les contrats de louage et de vente étant de bonne foi, il était naturel que le prêteur tînt compte de l'intention des parties plutôt que des termes employés. Et le prêteur aurait agi de même très-vraisemblablement, si le mot louage avait été employé par erreur au lieu du mot emphytéose ; nous croyons donc que c'est un peu forcer les conséquences que de conclure de là que tout bail qui dépasse cinq années est une emphytéose. M. Troplong, adoptant l'opinion d'Accurse, se prononce contre l'assimilation même à l'époque féodale ; et pour justifier son opinion, il suffit de vouloir se rappeler l'incertitude qui régnait à cette époque sur la signification des mots et combien souvent le nom d'emphytéose était donné à un simple louage et *vice versà*.

Dans aucun cas l'emphytéote ne pouvait détériorer le fonds sous peine de déchéance. Sous ce rapport, notre concession diffère du fief où toute détérioration était permise, de la censive et du bail à rente, où elle l'était également tant que la redevance n'était pas mise en danger, et bien que les droits féodaux de mutation le fussent.

Par suite de cette interdiction de détériorer, toute servitude, entraînant une dépréciation matérielle du fonds était prohibée ; les autres servitudes au contraire étaient permises. En Droit romain nous avons donné une solution opposée, mais on sait que le moyen âge poussait aux démembrements de la propriété.

Avec la concession tombaient les servitudes constituées par un emphytéote temporaire; celles constituées
par un emphytéote perpétuel ne tombaient qu'à la suite
de la commise, par application du principe « *resoluto
jure dantis, resolvitur jus accipientis* ».

Comme en Droit romain, l'emphytéote peut constituer
des hypothèques, et elles disparaissent pour les mêmes
causes que les servitudes. Il acquiert les fruits par leur
séparation du sol. Quant à la propriété du trésor trouvé
dans le fonds concédé, la question est controversée. Voët
et Thibaut l'accordent à l'emphytéote, Troplong et Pepin
Le Halleur la lui refusent, et nous nous rangeons à leur
opinion. On sait en effet qu'au moyen âge tous les produits du hasard, au nombre desquels était la treuve d'or,
appartenaient au fisc seigneurial et plus tard au roi. Quant
aux trésors autres que la treuve d'or, ils se divisaient
par tiers entre le seigneur justicier, le seigneur tréfoncier et l'inventeur. Or, le seigneur tréfoncier n'était pas
l'emphytéote, c'était le propriétaire, comme nous l'ap-
prend Dumoulin. Cette solution nous paraît inattaquable,
car le trésor n'est ni un fruit ni un produit du fonds.

Quid, des mines, minières et carrières?

Tout le monde admet que l'emphytéote aura le droit
de continuer l'exploitation commencée. M. Troplong va
plus loin, et par analogie avec l'usufruit, il donne à
l'emphytéote le droit d'en commencer l'exploitation.
M. Le Halleur au contraire, dans le cas d'emphytéose

temporaire, ne permettait au concessionnaire de les exploiter que pour son usage personnel. C'était, en Droit romain, la décision suivie en matière d'usufruit et elle a passé dans la jurisprudence du moyen âge. Au cas d'emphytéose perpétuelle, M. Le Halleur reconnaît à l'emphytéote le domaine utile, et lui accorde par suite le droit plus complet d'ouvrir des carrières, mais comme son droit est un *jus in re aliena*, il le restreint aux besoins personnels de l'emphytéote.

Nous ne voyons pas pourquoi on ne donnerait pas à l'emphytéote le droit le plus large d'exploitation. On admet en effet que l'emphytéote peut changer la superficie du fonds tant qu'il ne le détériore pas. Or, il se pourra très-bien que l'ouverture d'une minière, tout en changeant la superficie du fonds, en augmente la valeur au lieu de l'amoindrir. Et, ce qui nous paraît, jusqu'à un certain point, justifier cette solution, c'est que déjà en Droit romain l'emphytéote devait être mieux traité que l'usufruitier.

Voyons maintenant quelles sont les obligations de l'emphytéote. Nous venons de voir qu'il n'a pas le droit de détériorer ; mais doit-il améliorer ? En Droit romain cela ne fait pas de doute, puisque le but de l'emphytéose était de remettre en valeur des terrains incultes que les vexations des propriétaires précédents et du fisc avaient contraint les cultivateurs à abandonner. Mais lorsqu'au moyen âge ce contrat devint fréquent, non-

seulement pour les terrains incultes mais encore pour
les terres fertiles, on ne peut plus invoquer les mêmes
motifs et nous partagerions volontiers l'avis de Dumoulin
qui décide, qu'à moins de convention formelle, l'emphytéote n'était plus tenu d'améliorer, « *cessante causa,
cessat effectus* ».

Mais supposons les améliorations accomplies : le propriétaire les possédera-t-il sans indemnité quand l'emphytéose prendra fin? Dumoulin distinguait entre l'emphytéose perpétuelle et l'emphytéose temporaire. Au
premier cas, l'emphytéose prenant fin par la commise,
le propriétaire n'avait pas à indemniser l'emphytéote;
c'était sa faute s'il perdait la jouissance des améliorations
qu'il avait faites; si, au contraire, l'emphytéote cessait
par l'expiration du terme, l'emphytéote pouvait reprendre
ses améliorations si le propriétaire ne voulait pas en
payer la plus-value. La Coutume du Nivernais n'admettait pas cette solution et donnait aux créanciers de l'emphytéote seuls le droit d'intenter contre le propriétaire
une action pour la plus-value causée par les améliorations de leur débiteur. D'ailleurs, la question n'offre
d'intérêt que dans l'emphytéose temporaire, parce
qu'alors la concession peut prendre fin sans la faute de
l'emphytéote. Mais à l'égard de l'emphytéose perpétuelle
l'opinion de Dumoulin suffit pour faire rejeter les prétentions de l'emphytéote; alors, en effet, cette concession ne peut finir que par la commise ou par l'abandon

du tenancier, et, dans les deux cas, c'est la faute de celui-ci s'il ne jouit pas des améliorations.

La jurisprudence du Parlement de Paris était conforme à la Coutume du Nivernais. Argou trouve cette jurisprudence très-rude, mais on peut la justifier par ces considérations que l'emphytéote savait parfaitement que le fonds allait retourner entre les mains d'un autre ; qu'il n'aurait pas bâti s'il n'avait espéré en être dédommagé pendant la jouissance ; que la décision contraire pousserait l'emphytéote à bâtir pour gêner le seigneur direct et le forcer à lui continuer la concession.

Ainsi donc, que l'emphytéose soit temporaire ou perpétuelle, et quelle que soit la cause de son extinction, les améliorations reviendront au propriétaire sans indemnité. Si d'autre part les améliorations faites par l'emphytéote ne sont que l'équivalent de détériorations par lui faites, non-seulement il n'aura droit à aucune indemnité, mais encore il devra entretenir ces améliorations pendant le temps de la concession, car autrement le fonds serait détérioré par sa faute.

L'emphytéote est tenu des impôts et de toutes les servitudes qui peuvent grever le fonds : ce sont, en effet, généralement des charges de la possession. Il est vrai de dire que la redevance est dans le plus grand nombre des cas purement recognitive ; et c'est pour cela que lorsqu'elle approchait de la valeur réelle de la jouissance, M. Troplong, suivant l'opinion de Voët, admet à

cette règle une restriction ainsi équitable que peu juri-
dique. Il applique les règles du bail et fait supporter les
charges également au concédant et au concessionnaire.

Mais la principale obligation de l'emphytéote était de
payer le canon ou redevance annuelle dont nous allons
essayer de déterminer les caractères. Cette redevance
est seigneuriale, c'est-à-dire recognitive du domaine direct dans la personne de celui qui a droit de la percevoir ;
elle n'est pas un simple *jus in re*, retenu dans le fonds
aliéné comme la rente foncière. Il en résulte qu'elle est
imprescriptible si ce n'est dans sa quotité et pour les
arrérages échus depuis trente ans. Le droit au canon est
généralement modique, mais il ne faut pas faire de ce trait
un caractère essentiel. Cette modicité de canon tient,
croyons-nous avec Pepin Le Halleur, à la nature même
de l'emphytéose, dans la stipulation fréquente des de-
niers d'entrée, dans les améliorations que le tenancier
prend à sa charge.

Le canon est le prix réparti en annuités du droit acquis par l'emphytéote et non l'équivalent des fruits qu'il
perçoit ; il demeure donc invariable, soit que le fonds
augmente de valeur, soit qu'il subisse des détériorations,
soit que des cas fortuits enlèvent tout ou partie de la récolte. On a trouvé ce principe rigoureux : Dumoulin et
Voët et après eux Troplong distinguent entre le canon
très-faible et simplement recognitif, lequel ne doit supporter aucune réduction, et le canon réellement repré-

sentatif du revenu. Dans ce dernier cas, ils diminuent proportionnellement le canon. Nous repoussons cette solution par ce motif, que l'emphytéote jouit d'un droit réel, et que, puisqu'il en a les avantages, il doit en supporter les inconvénients. C'était d'ailleurs l'opinion des feudistes pour le cas de rente foncière où la redevance représentait les produits. Cette solution n'est donc point opposée aux idées féodales et doit être donnée dans le cas d'emphytéose puisqu'elle l'était déjà dans le Droit romain qui n'avait été sur ce point l'objet d'aucune modification formelle. Comme compensation, si le fonds augmentait de valeur le tenancier ne devait aucune augmentation de canon.

En cas de perte totale, le canon cessait d'être dû si l'emphytéote n'avait aucune faute à se reprocher. Il y avait faute de sa part, si, privé de sa jouissance par un usurpateur, il ne prévenait pas le propriétaire assez à temps, pour empêcher la prescription.

Un caractère tout spécial à l'emphytéose féodale et que nous ne rencontrons pas dans le Droit romain, c'est le droit de déguerpissement donné au preneur lorsqu'il trouvait que la jouissance n'était plus l'équivalent des charges qu'il avait à supporter. Ce droit venait du caractère immobilier qu'à cette époque avaient pris les redevances ; c'était le fonds et non le tenancier qui les devait ; et on conçoit que, n'étant tenu que *propter rem*, ce dernier ce trouvait libéré par l'abandon du fonds.

Par quels moyens l'emphytéote peut-il faire valoir son droit ?

Pour se faire mettre en possession du fonds il a une action personnelle contre le propriétaire ; et une fois en possession, il a contre le propriétaire qui voudrait le chasser, non-seulement une action personnelle, mais encore l'action possessoire et une action réelle. C'était la solution du Droit romain. Nous la maintenons par analogie de motifs.

A plus forte raison possède-t-il les mêmes actions contre les tiers. Il n'est que juste, en effet, qu'il puisse défendre son droit réel.

Le propriétaire, de son côté, a contre l'emphytéote, une action personnelle basée sur le contrat, action qui est transmissible passivement contre les successeurs universels ou à titre universel de l'emphytéote ; le délaissement seul, peut éteindre cette action. Vu le caractère de réalité de la redevance, le propriétaire a également une action réelle contre l'emphytéote et contre tous possesseurs. Il aurait aussi une action possessoire contre l'emphytéote qui ne paierait pas, ou le tiers qui se serait fait payer à tort la redevance et contre lequel il pourrait employer l'action réelle.

Le propriétaire doit-il garantie à l'emphytéote pour cause d'éviction ? La question est controversée, le tenancier ayant déjà la ressource du déguerpissement. Nous croyons cependant que la garantie est due : car si le canon n'était pas toujours l'exacte reproduction de la jouissance, il n'avait du moins pour cause que cette jouissance ; de plus en Droit coutumier la redevance étant recognitive, le droit du propriétaire ne peut être reconnu qu'autant qu'il existe.

Il résulte de ces considérations que nous n'admettons la garantie qu'en cas d'éviction totale : tant qu'il reste une parcelle du fonds, le tenancier peut déguerpir s'il trouve les charges trop lourdes.

III

DES MODES D'ÉTABLISSEMENT DE L'EMPHYTÉOSE.

Le mode ordinaire et normal de constituer une emphytéose, c'est le contrat ; mais il ne donne au preneur qu'un droit personnel.

Etait-il nécessaire que le contrat emphytéotique fût rédigé par écrit ? Nous avons adopté, en Droit romain, la négative, et donnons en Droit coutumier, la même solution avec Dumoulin, parce que lorsqu'il n'y a pas dérogation expresse, on doit appliquer au moyen âge les règles du Droit romain : « Nos autem observamus quod » ad substantiam contractus emphyteutici non requira- » tur scripturam indè confectam esse, sed sufficit quod

» alias legitime appareat concessionem esse factam ad
» reditum emphyteuticum, vel ad onera emphyteutica...
» quod etiam de jure verum esse puto (1) ».

A cause de la nature spéciale du contrat emphytéotique, les auteurs sont d'accord pour ne pas admettre la
tacite reconduction dans le cas d'emphytéose temporaire. Mais comment réglerons-nous la jouissance du
tenancier qui a continué à jouir ? Voici comment M. Le
Halleur résout cette question : Si l'emphytéote a agi
frauduleusement, *id est,* s'il a cherché à cacher que l'emphytéose fût arrivée à son terme, il sera traité comme
un possesseur de mauvaise foi et devra compte de tous
les fruits. Si, au contraire, il y a négligence de la part
du propriétaire, on applique les principes du bail, et en
l'absence d'autre convention, la quotité du loyer sera
celle du canon emphytéotique. Le propriétaire n'aura
pas à se plaindre si la redevance est minime : cet état
de choses n'est dû qu'à son incurie puisqu'il pouvait
congédier l'emphytéote ou lui louer formellement le
fonds.

On aurait pu également créer le bail emphytéotique
par testament; mais ici, de même qu'en Droit romain, on ne trouve pas de preuves de son emploi.

La prescription peut-elle servir à établir l'emphytéose?
Diverses hypothèses peuvent se présenter :

(1) Dumoulin, Coutume de Paris, § LXXIII, gl. 1, n° 38.

1º Une personne a acquis, *à non domino*, une emphytéose avec titre et bonne foi ;

2º Un autre que le véritable emphytéote a aliéné l'emphytéose ;

3º Une personne a possédé le fonds à titre emphytéotique sans titre ni actes récognitifs pendant trente années ;

4º Le propriétaire du fonds a payé à un autre comme au vrai propriétaire le canon emphytéotique.

Notre deuxième hypothèse rentre dans la première, car dans les deux cas l'emphytéote possède un titre venant à l'appui de sa possession.

Notre quatrième hypothèse rentre aussi dans la première ou dans la troisième, selon qu'il y a titre ou actes récognitifs accompagnés d'une possession trentenaire équivalent au titre, ou qu'il n'en existe pas. Restent donc deux hypothèses, l'une au cas de possession avec titre ou faits équivalents, l'autre au cas de possession sans titre.

En Droit romain, nous avons repoussé la prescription, d'abord parce que la prescription ne pouvait faire naître une obligation, celle de payer le canon ; ensuite, parce que pas plus que l'usucapion, la prescription ne pouvait faire acquérir aucun droit réel autre que la propriété. Ces considérations n'ont aucune valeur en Droit coutumier. A cette époque les redevances ont toutes pris un caractère de réalité, grâce à la faculté de délaissement dont jouit le possesseur et la prescription acquisitive de la redevance se comprend tout aussi bien que la prescription acquisitive du droit réel d'emphytéose. Si le tenancier a payé le canon assez longtemps pour que le propriétaire y ait acquis un droit, il délaissera s'il ne veut plus le payer et s'exonérera pour l'avenir de toutes les charges de sa possession. Ici, à la différence de l'emphytéose romaine, l'emphytéose coutumière doit donc admettre la prescription; mais M. Pépin Le Halleur, bien qu'il reconnaisse à l'emphytéote temporaire un droit réel, veut qu'il soit tenu personnellement. Or, nous savons que pas plus dans l'ancien Droit français que dans le Droit romain, la prescription ne saurait donner naissance à de simples obligations. Toutefois, Pépin le Halleur permet la prescription lorsque la possession est soutenue d'un titre ou d'actes équivalents; dans ce cas le titre a fait naître l'obligation, il ne reste plus que le Droit réel à créer, et la prescription se peut charger de ce soin.

Prenons la première des hypothèses que nous avons posées tout à l'heure, celle où l'emphytéote n'a pas traité avec le véritable propriétaire, pourra-t-il invoquer contre ce dernier le titre pour parvenir à la prescription? D'abord, si le propriétaire apparent a agi comme *negotiorum gestor*, le vrai propriétaire doit respecter ses actes; sinon, on peut dire que le titre ne crée aucune obligation contre le propriétaire puisqu'il n'est tenu

que de laisser jouir. Il n'est donc pas exact de dire que l'emphytéote invoque le titre contre le *dominus;* il l'invoque
seulement pour prouver que lui-même est obligé et qu'il
ne reste plus à créer que le droit réel, ce qui est possible par prescription. Ainsi donc, dans le système de
M. Pepin Le Halleur, quand il y a titre, la prescription
est possible pour l'emphytéose temporaire, mais quand
il n'y a pas de titre, *quid?* On peut répondre que, dans
ce cas, l'emphytéose sera toujours perpétuelle. Mais il y
avait des fonds qui n'étaient pas susceptibles d'emphytéose perpétuelle, et Brodeau nous enseigne que l'emphytéose était alors de 99 ans. Il est certain que, dans
ce cas, en l'absence de titre créant l'obligation, l'emphytéose temporaire ne pourra s'acquérir par prescription :
car il y a une obligation à créer, et nous savons que la prescription est impuissante à le faire. Tel est le système de
M. Le Halleur, qui refuse également à l'emphytéote tant
qu'il est en possession, le droit de repousser le propriétaire, en opposant la prescription à l'action de ce dernier.

Nous pensons avec M. Troplong que l'emphytéose
temporaire comme la perpétuelle se concevait sans
obligations personnelles de l'emphytéote. D'autre part,
la redevance étant un droit réel, et au moyen âge les
droits réels autres que la propriété étant susceptibles
de prescription, nous déciderons que ce mode de constitution est applicable à notre concession, quelle qu'en
soit la durée.

IV

Nous avons parcouru tous les modes de création du droit emphytéotique au moyen âge, passons aux modes de transmission.

Il faut d'abord distinguer la transmission entre-vifs de la transmission héréditaire. Pour la transmission entre-vifs, contrairement à la théorie du Droit romain, beaucoup d'auteurs, Dumoulin notamment, ont pensé que l'emphytéote peut aliéner librement *irrequisito domino*. « *Ut enim feuda vassalis, ita censualia censuaris sunt patrimonialia; dominis irrequisitis libere alienabilia toto regno; idem etiam de vera emphyteusi ex consuetudine generali.* » Il est vrai que Dumoulin paraît faire bon marché de son opinion. Ainsi, parlant de la loi dernière (Cod. de Just. *De jure emphyteutico*), qui exige que le consentement du propriétaire soit demandé, il dit : « *Commissum de quo in hac lege non habet locum nisi in vera emphyteusi et in re quam constat clare ad onus et conditionem emphyteuticam concessum.* » De même dans la rubrique du § 73, Glose 2, n° 1, il dit : « *Etiam hodiè non licet vero emphyteutæ, nisi sit fisci, domino irrequisito alienare.* » Argou et Merlin se sont prononcés dans le même sens. Ces textes paraissent inconciliables : M. Le Halleur pense que Dumoulin, dans le premier passage cité, ne s'occupait qu'incidemment de l'emphytéose en étudiant la censive, et qu'il a pu oublier sous l'influence des idées coutumières, la règle spéciale à cette concession.

Ce qui paraît le plus probable c'est que cette question ne recevait pas une décision uniforme et qu'elle variait au contraire selon les localités et les coutumes diverses. Ainsi, il est certain que dans le Midi l'emphytéose resta plus romaine, tandis qu'au Nord elle devint plus coutumière. C'est ce que tendrait à prouver ce fait que le Code hollandais a écarté la commise dans ce cas, tandis que le Code napolitain l'a admise.

La déclaration de Louis XV du 2 janvier 1769 prouve que la transmission du droit emphytéotique était soumise à certains droits perçus par l'État. Cela n'a rien de surprenant : c'était sans doute la reproduction de droits analogues perçus sous l'Empire romain par le *dominus,* et postérieurement par les seigneurs dans le droit féodal. Mais ce droit de mutation devait-il être perçu par le propriétaire dans tous les cas d'aliénation ?

Dans la vente cela ne fait aucun doute : en cas de donation, la Coutume du Nivernais décidait de même en matière de censive, et nous croyons que cette règle s'appliquait à l'emphytéose. C'était d'ailleurs la décision

romaine, et cette décision était logique puisque le cinquantième était le prix du consentement à l'aliénation.
La commise était encourue par l'emphytéote qui dissi-
mulait une partie du prix pour diminuer les droits seigneuriaux.

L'aliénation partielle de l'emphytéose est-elle possible?
Nous admettons la négative comme en Droit romain.
L'emphytéote ne pourra donc constituer une rente foncière sur son emphytéose, car la rente foncière était
considérée comme un démembrement matériel du fonds.
On objecte que l'aliénation partielle était admise dans les
baux à cens et les fiefs : c'est que dans ces deux contrats le droit de détériorer appartenait au tenancier tandis qu'il était refusé à l'emphytéote. Or une aliénation
partielle constitue toujours une détérioration pour le
dominus.

Il est évident que le propriétaire qui exerçait le droit
de préemption ne pouvait concurremment percevoir le
droit de mutation. C'était la solution romaine et elle est
trop équitable pour ne pas l'appliquer ici. Dumoulin
l'adopte d'ailleurs formellement dans son commentaire
de l'article 20 de la Coutume de Paris.

En Droit romain, c'était le vendeur qui devait payer le
cinquantième au propriétaire. La Coutume de Paris met
au contraire le paiement de ce droit à la charge de l'acheteur ; seulement il retenait à son vendeur le quint denier
sur le prix qu'il devait payer, de sorte qu'en définitive le

vendeur devait toujours supporter le paiement de ce droit. D'ailleurs, ce qui nous porte à décider que le *dominus* doit toujours s'adresser à l'acheteur, c'est qu'au point de vue de l'obligation du tenancier, l'emphytéose a pris le caractère de réalité des autres concessions féodales, et que par suite en cessant de posséder, on cesse d'être tenu des charges de la concession.

Mais, si l'acheteur ne paie pas, y aura-t-il commise comme en Droit romain? Nous pensons qu'à moins de fraude, la jurisprudence accordait des délais au nouveau tenancier. Ici, comme en Droit romain, la jurisprudence avait maintenu la commise en cas de dissimulation d'une partie du prix ou de la valeur ; mais la base du droit de mutation était toujours le prix ou l'estimation, et le *dominus* n'avait pas le droit de recourir à une expertise. Quant à la quotité de ce droit de mutation, aucun texte spécial ne nous l'indique, et il est probable qu'il se confondit avec les autres profits féodaux.

Pour ce qui est de la transmission par testament de l'emphytéose, nous reproduirons ici ce que nous avons dit en Droit romain. Les règles posées par Justinien en matière d'aliénation doivent être restreintes aux aliénations entre-vifs : Ainsi, le consentement du *dominus*, les droits de mutation... etc... ne sont pas exigés.

Dans le cas de transmission par succession, le droit réel était transféré par l'effet de la saisine et n'entraînait pas le droit de mutation.

Dans l'emphytéose perpétuelle la redevance se trouvait divisible ou indivisible suivant que le contrat se rapprochait du bail à cens ou du bail à rente. Du reste cette indivisibilité ne rendait pas les héritiers solidairement responsables du paiement de la redevance et de l'exécution des obligations de l'emphytéote ; seulement lorsque la redevance n'était pas entièrement payée ou lorsque les obligations n'étaient pas exécutées dans leur intégrité, le propriétaire du domaine direct avait le droit d'exercer la commise pour la totalité.

Pour l'emphytéose temporaire on décida toujours que la redevance resterait indivisible dans le cas de transmission héréditaire de l'emphytéose.

V

DES MODES D'EXTINCTION.

Nous en sommes arrivés, maintenant, à la dernière question que nous avons à examiner avant de terminer l'histoire de l'emphytéose dans l'ancien droit français, c'est à dire aux causes d'extinction de l'emphytéose.

Il faut avant tout distinguer les causes d'extinction, proprement dites, des causes de déchéance, car, pour les premières, nous ne trouverons pas grand changement avec celles que nous avons rencontrées dans le Droit romain.

Nous avons :

1º Le terme quand l'emphytéose est temporaire;

2º La mort de l'emphytéote sans postérité et sans successeurs;

3º La confusion dans la personne de l'emphytéote ou celle du propriétaire, du domaine direct et du domaine utile;

4º La prescription de trente ans au profit du propriétaire qui recouvrait son fonds entièrement libre, ou au profit d'un tiers qui avait possédé le bien comme s'il n'avait pas été grevé d'emphytéose;

5º La prescription de la propriété entière au profit de l'emphytéote. C'est une grave différence avec le Droit romain, et qui, au premier abord, paraît peu se concilier avec le caractère évidemment précaire de la concession. C'est que, dans le droit coutumier, on en était arrivé à considérer les tenanciers comme possesseurs et propriétaires de la portion du domaine qui leur avait été concédée; quant à celle qui restait au concédant, ils n'en étaient ni détenteurs, ni possesseurs à aucun titre. Si donc l'emphytéote arrivait à posséder le droit du concédant, il débordait son titre, mais ne l'intervertissait pas, et possédant en son nom propre, au lieu de posséder au nom du propriétaire, il pouvait prescrire la pleine propriété, pourvu qu'il fût de bonne foi;

6° Le consentement des deux parties ;

7° La perte totale de la chose. S'il existait des constructions sur le fonds et si ces constructions venaient à être détruites, il y avait lieu d'examiner l'étendue du droit de l'emphytéote, voir s'il portait sur le fonds lui-même ou seulement sur les constructions, car l'emphytéose n'était véritablement éteinte que dans ce dernier cas ;

8° Le déguerpissement que le Droit romain n'avait jamais connu. La faculté de déguerpir eut beaucoup de peine à s'établir et souleva d'énergiques résistances, surtout parmi les interprètes du Droit romain. Cette faculté, si favorable à l'emphytéote du moyen âge, cadre d'ailleurs parfaitement avec la nouvelle distinction de la propriété en domaine direct et en domaine utile. Au surplus, la redevance foncière, au lieu d'être le résultat d'une obligation personnelle, était la simple reconnaissance du domaine direct du seigneur. Et c'est même pour ce motif que nous refusons la faculté de déguerpissement à l'emphytéote temporaire, lequel est certainement tenu d'obligations personnelles.

Telles sont les causes d'extinction du Droit emphytéotique ; il faut maintenant examiner les causes de déchéance.

Nous avons, en Droit romain, reconnu trois causes de déchéance : 1° la détérioration ; 2° le non paiement du canon ; 3° la non observation des conditions en matière d'aliénation. C'est ici le lieu de parcourir ces trois cas et de voir quelles étaient les solutions admises par le Droit coutumier.

La première cause de déchéance était parfaitement reçue dans notre ancien Droit, et l'emphytéote encourait la déchéance du jour où il avait commis des abus de jouissance ou dégradé le fonds, si mieux n'aimait le propriétaire le poursuivre en justice pour obtenir la réparation du dommage causé.

Nous savons que l'emphytéose n'évite pas la commise, si, ayant détérioré d'un côté, il a amélioré de l'autre. Le propriétaire, en effet, n'est pas tenu d'indemniser le preneur pour les améliorations.

La deuxième cause de déchéance présente beaucoup plus de difficultés : à Rome, la déchéance faute du paiement du canon était encourue de plein droit et sans mise en demeure de l'emphytéote. Le droit canonique adoucit considérablement la règle romaine en accordant des délais de grâce ; la jurisprudence alla plus loin et n'admit la déchéance de l'emphytéote que lorsqu'il y aurait sentence du juge, lequel pouvait même accorder un délai de grâce. Mais jamais dans le Droit coutumier on n'a songé à appliquer, sur ce point, les règles du Droit romain : Si même en contractant, les parties avaient stipulé la déchéance de plein droit, cette convention ne pouvait s'exécuter sans l'intervention de la justice. Coquille le dit formellement.

Concluons donc que la commise emphytéotique était admise dans notre ancien droit faute de paiement du canon ; seulement à la différence de ce qui se passait à Rome et même dans le droit canonique cette commise n'était encourue qu'à la suite d'une décision du juge.

La troisième cause de déchéance n'était admise, dans l'ancien Droit français, que dans le cas où l'emphytéote avait eu recours à la fraude pour éluder ou diminuer les droits de mutation dus au propriétaire du domaine direct. Dans le Droit romain, au contraire, l'emphytéote encourait la déchéance d'une manière absolue lorsqu'il avait manqué aux formalités établies par la loi dans le cas d'aliénation du droit d'emphytéose.

Nous avons terminé l'étude de l'emphytéose sous l'ancienne monarchie, et nous avons pu constater que jusqu'en 1789 cette concession a conservé presque tous ces caractères romains. Le contrat emphytéotique ne trouva pas grâce devant la Révolution qui respecta si peu de choses de nos anciennes iustitutions françaises, et nous verrons dans quelques instants quel fut son sort pendant la période révolutionnaire.

TROISIÈME PARTIE

DE L'EMPHYTÉOSE

DANS LA LÉGISLATION ROMAINE

CHAPITRE PREMIER

PÉRIODE RÉVOLUTIONNAIRE.

Voici comment s'exprime dans l'article premier de son titre premier une loi des 18-19 décembre 1790 :

« Toutes les rentes foncières et perpétuelles, soit en
» nature, soit en argent, de quelque espèce qu'elles
» soient, quelle que soit leur origine, à quelques per-
» sonnes qu'elles soient dues, gens de main-morte,
» domaine, apanagiste, ordre, même les rentes de dons
» et legs pour cause pie et de fondation, seront rache-
» tables; les champarts de toute espèce et sous toute
» dénomination le seront également au taux qui sera ci-
» après fixé.

» Il est défendu, de plus à l'avenir, créer aucune
» redevance foncière non remboursable, sans préjudice
» des baux à rente ou emphytéose et non perpétuels
» qui seront exécutés pour toute leur durée et pourront
» être faits à l'avenir pour quatre-vingt-dix-neuf ans et
» au-dessous, ainsi que les baux à vie, même sur plu-
» sieurs têtes, à la charge qu'elles n'excéderont pas le
» nombre de trois. »

Le résultat de cette disposition fut la suppression pure
et simple de l'emphytéose perpétuelle. Notons cependant
que dans son arrêt du 13 décembre 1824, la Cour de
cassation a décidé que le contrat postérieur à la loi
de 1790, dans lequel se trouverait stipulé une emphytéose perpétuelle, ne serait pas nul et donnerait seulement le droit au propriétaire de rembourser le prix de
la redevance.

La loi de 1790, nous n'hésitons pas à le dire, était
trop radicale. Son but était de remédier à des abus très-
nombreux et très-réels. Mais à cette époque d'efferves-
cence révolutionnaire on crut que le meilleur moyen
d'échapper aux abus était de supprimer toutes ces institutions du moyen âge, sans s'inquiéter de l'utilité et des
services qu'elles pouvaient encore rendre, modifiées et
mises en rapport avec la nouvelle législation.

Nous ne faisons ici ni de la philosophie ni de l'histoire, et pour ne pas sortir de notre matière nous ne
dirons rien des injustices criantes qui furent commises

par cette suppression en masse des contrats féodaux; d'autant plus que nous ne croyons pas ces injustices intentionnelles de la part du législateur révolutionnaire; elles furent simplement le résultat d'une déplorable confusion ou d'un entraînement irréfléchi.

Par les mots de féodalité *dominante* et de féodalité *contractante*, M. Laferrière, nous indique très-bien, ce qu'il fallait abolir et ce qu'il fallait conserver.

Ainsi, il est certain que depuis longtemps déjà, cet ensemble de vieilles formes, ce vaste échafaudage qui avait nom féodalité, vivait sur son passé et ne rendait plus aucun service, pas même au point de vue militaire, depuis l'introduction des armées permanentes.

Le but à atteindre par le législateur était donc de rétablir l'harmonie et de mettre la législation d'accord avec les faits, en autres termes: enlever à la féodalité son caractère de puissance publique et supprimer les droits et les distinctions tenant à ce caractère, mais il fallait en outre dégager le simple citoyen du seigneur féodal, et tout en supprimant les droits du seigneur maintenir les contrats librement consentis par le citoyen, sous peine d'entrer dans la voie des spoliations. Nous ne nous dissimulons pas combien dans la pratique, la démarcation entre ces deux espèces de droits féodaux et contractuels devait être difficile à établir. C'est cependant le problème qu'entreprit l'Assemblée constituante, et auquel elle mit la main avec assez de bonheur pour le résoudre à la satisfaction des principes.

Le fief et tout ce qui s'y rattache, la prééminence d'une classe sur l'autre, d'une terre sur une autre furent complètement abolis dans la fameuse nuit du 4 août 1789. D'où comme conséquence plus de prestation de foi-hommage ou d'autres droits équivalents. Mais où commençait la véritable difficulté, c'était pour les droits utiles qui le plus souvent se trouvaient joints aux fiefs proprement dits pour la censive notamment. Il est certain que dans les pays ou avait cours la maxime : *nulle terre sans seigneur*, les redevances annuelles ne correspondaient à aucune concession primitive et constituaient par là même de véritables abus. Mais il est certain également, que dans la plus grande partie de la France, la censive n'était qu'un contrat librement conclu, généralement un bienfait pour le chargé de redevance, qui moyennant une rente très-modique avait autrefois reçu du véritable propriétaire la terre à laquelle il devait en 1789 son état de prospérité relative. Mais le censitaire de 1789 ne comprenait plus le motif de sa redevance, et semblable à ces anciens fermiers qui pendant plusieurs années ont cultivé le même héritage, il s'était habitué à considérer la terre qu'il détenait comme son propre bien.

L'Assemblée constituante comprit que la pleine propriété ne résulte jamais d'une possession précaire ; et sans s'arrêter aux idées usurpatrices des censitaires, maintint solennellement les droits utiles tel que le cens et autres redevances. Mais pour concilier tous les intérêts, sachant d'ailleurs combien tant de charges sur les immeubles entravaient la libre circulation des biens, elle déclara toutes ces redevances rachetables. Elle abolit en même temps les règles spéciales à la succession noble et roturière, ainsi que le retrait féodal et censuel dont le but était la concentration des biens dans quelques familles.

L'œuvre de cette grande assemblée était profondément juste : mais on ne sut pas s'en tenir au système qu'elle avait inauguré et qui respectait si bien le droit de propriété; et prêtant plutôt l'oreille aux passions politiques qu'aux conseils de l'équité, les assemblées qui suivirent arrivèrent à des résultats peut-être politiques, mais à coup sûr injustes.

C'est l'Assemblée législative qui fit les premiers pas dans cette voie spoliatrice : ses décrets des 18 juin-6 juillet et 25-28 août 1792, sous prétexte de redresser les abus qu'entraînait l'application de la maxime : *nulle terre sans seigneur,* supprimèrent tous les droits utiles qui pouvaient grever le fonds au profit d'autres que le détenteur. Ces deux décrets réservent cependant la preuve de non féodalité et maintiennent le rachat toutes les fois que les droits ne sont pas le prix ou la condition de la concession primitive du fonds. Mais comme la preuve n'est recevable que par le rapport de l'acte primordial, elle est en fait impossible, vu l'ancienneté des concessions ; de sorte que, par cette voie détournée, on arriva dans le plus grand nombre des cas à ériger en présomption que les droits supprimés n'étaient que des abus de la puissance féodale, ce qui était juste le contraire de la vérité.

La Convention ne prit pas tant de ménagements et supprima même le semblant de preuve offert aux créanciers par la législative. Son décret du 17-18 juillet 1793 abolit sans indemnité « Toutes redevances seigneuriales, droits féodaux, censuels, fixes et casuels, à l'exception des rentes et prestations foncières. » Ainsi, peu importait aux conventionnels que les droits supprimés eussent leur origine dans des contrats de droit commun librement consentis !

Les Tribunaux n'acceptèrent une si rude mesure qu'avec la plus grande répugnance : et la Cour de cassation dut intervenir bien souvent pour les forcer à appliquer la loi. C'est qu'en effet le juge, après examen de titres de propriété, devait sentir souvent son équité se révolter à la vue des conséquences que devait entraîner son jugement. Aussi, quand la République et l'Empire voulurent soumettre par les armes le reste de l'Europe aux principes de la Révolution, on abandonna le système de la Convention pour en revenir aux sages distinctions des hommes de 1789.

Nous avons vu la loi de décembre 1790 supprimer

l'emphytéose perpétuelle. Quant à l'emphytéose temporaire, elle est formellement maintenue, mais sa durée maximum est fixée à quatre-vingt-dix-neuf ans.

Un décret du 15 septembre-16 octobre 1791 désigne l'emphytéose temporaire sous le nom de *propriété réversible,* ce qui semble faire revivre l'ancien domaine utile et nous ramènerait, si on s'attachait à la lettre de ce décret, aux divergences qui existaient dans l'ancienne jurisprudence, sur la nature du droit de l'emphytéose temporaire. Ces mots de *propriété réversible* sont évidemment le résultat d'une erreur : l'emphytéote temporaire ne pouvait être mieux traité par la législation révolutionnaire qu'il l'était sous l'ancienne monarchie. Ainsi, la loi de messidor an III ne parle plus que d'un simple droit de jouissance : donnant l'énumération des droits immobiliers qui peuvent être hypothéqués, elle cite « l'usufruit des immeubles résultant seulement des baux emphytéotiques, lorsqu'il reste encore vingt-cinq années de jouissance. » De même, la loi du 11 brumaire an VII : « Peuvent être hypothéqués l'usufruit des immeubles, ainsi que la jouissance à titre d'emphytéose des mêmes biens pour le temps de leur durée. »

Il résulte de ces différents textes, combinés avec ceux du droit féodal, que lorsqu'il s'agit de l'emphytéose pure et simple et perpétuelle, on reste sous l'application de l'article 2 de la loi de 1793, qui a maintenu les rentes et prestations purement foncières. L'emphytéote acquiert bien la

propriété du fonds, mais à la charge de racheter sa redevance à son ancien bailleur. S'il s'agit, au contraire, d'un
de ces contrats qui n'avaient d'emphytéose que le nom,
mais qui présentaient tous les caractères d'un bail de
cens, ce contrat tombe sous l'application de la loi de 1793.
L'ancien bailleur se trouve dépouillé; l'emphytéote reçoit la propriété pleine sans être astreint à la redevance.

Mais le décret de 1793 n'a pas touché à l'emphytéose
temporaire. Il a brisé la fiction de domaine direct et de
domaine utile : Mais comme l'emphytéote temporaire, pas
plus que le fermier, n'avait le domaine utile, mais un
simple droit réel, il a gardé sa situation d'emphytéote, et,
comme le fermier, n'a point supplanté le maître.

Mais le doute reparaît dans la question suivante. Cet
emphytéote temporaire, qui avait un droit réel, était astreint à des redevances et à des charges diverses : Conti-
nuera-t-il à les servir, même après le décret de 1793, ou
bien jouira-t-il sans rien payer jusqu'au terme de sa concession? C'est surtout pour celles de ces charges qui re-
vêtaient un caractère féodal que la question se pose; par
exemple dans la stipulation de lods et ventes, dans la qua-
lification de redevance seigneuriale, clauses qui étaient
devenues presque de style même dans la concession d'une
emphytéose véritable? Merlin ne pense pas que ces obligations diverses doivent s'évanouir comme entachées de
féodalité, parce que les décrets de 1792 et 1793 ne s'appliquent qu'aux concessions perpétuelles, et non aux

simples concessions temporaires telles que l'emphytéose à terme ; et cette distinction est tellement vraie, qu'un décret rendu le 1er brumaire an II a eu précisément pour but de combler la lacune du décret de 1793 : « Il est défendu, dit le décret de brumaire an II, à tous propriétaires d'exiger de leurs fermiers, cultivant en vertu de baux postérieurs à 1789, aucune redevance ou aucun droit entaché de féodalité. » C'était pousser un peu loin la haine des services fonciers ; ainsi, un nouveau décret du 27 brumaire an V abolit purement et simplement la loi du 1er brumaire an II.

Concluons donc que le droit intermédiaire supprima complètement l'emphytéose perpétuelle en vertu de la loi de 1796 en tant qu'irrachetable. Quant à l'emphytéose temporaire, elle fut, au contraire, formellement maintenue par les lois du 29 messidor an III et du 11 brumaire an VII.

Nous allons voir maintenant ce qu'il advient de notre contrat sous le régime du Code civil.

CHAPITRE DEUXIÈME

RÉGIME DU CODE CIVIL.

I

La discussion qui eut lieu entre les rédacteurs du Code civil dans la séance du Conseil d'État où il fut question de l'emphytéose, jette un peu de lumière sur ce point si obscur de notre Droit.

La voici, brièvement résumée :

Malleville insista vivement pour le maintien de l'emphytéose en se fondant sur les services que cette institution pouvait encore rendre à l'agriculture, particulièrement dans le midi de la France. Le consul Cambacérès appuya cet avis en y apportant un nouvel argument. Il y aurait, disait-il, une bien étrange contradiction à interdire, dans un Code qui donnait tant de liberté au propriétaire, l'admission d'un contrat qui ne portait atteinte ni à l'intérêt général, ni à l'ordre public. Tronchet nia les avantages de l'emphytéose, et le premier Consul appuya son avis en déclarant qu'il ne voyait pas les avantages d'un contrat sur lequel il fallait prélever un quart à titre d'impôt et un deuxième quart à titre de redevance pour

12

le propriétaire. Portalis, renchérissant sur l'opinion du premier Consul, ajouta que l'emphytéose ne convenait qu'à un peuple en enfance, alors que les bras manquent pour la culture et qu'un grand nombre de terres sont encore incultes. Sur les conclusions de Portalis, le Conseil d'État se prononça pour l'abolition de l'emphytéose, qui fut votée par le Tribunal et le Corps Législatif.

On pourrait, après cela, croire la question tranchée ; mais il n'en fut rien. Dans la séance suivante, celle du 10 mars 1804, quelques conseillers d'État firent observer que le silence du Code, au lieu d'être interprété, comme une suppression, pourrait fort bien s'interpréter en faveur du maintien de l'emphytéose. Ils demandèrent donc que cette abolition fût exprimée en termes qui ne laisseraient aucune place à la controverse, et une nouvelle discussion donna le jour à l'article 530 du Code civil, ainsi conçu : « Toute rente établie à perpétuité pour le prix de la vente d'un immeuble, ou comme condition de la cession à titre onéreux ou gratuit d'un fonds immobilier est essentiellement rachetable. Il est, néanmoins, permis au créancier de régler les clauses et conditions du rachat. Il lui est aussi permis de stipuler que la rente ne pourra lui être remboursée qu'après un certain terme, lequel ne peut jamais excéder trente ans, toute stipulation contraire est nulle. »

Hâtons-nous de dire que l'article 530 ne tranche pas suffisamment la question en litige, et on regarde généralement comme surprenant, le silence du Code sur un point aussi important que celui du maintien ou de la suppression de l'emphytéose.

Quoi qu'il en soit, le Code civil ne prononce même pas le nom de notre contrat, et l'on se demande encore de nos jours s'il l'a maintenu ou s'il l'a voulu abolir.

Un point que l'article 530 met hors de conteste, c'est qu'il ne saurait plus désormais être question d'emphytéose perpétuelle. Tout contrat passé sous ce nom ne serait qu'une vente tombant sous l'application de notre article et ne pouvant jamais avoir pour effet de soumettre l'acheteur et ses héritiers à l'accomplissement d'une obligation personnelle et perpétuelle. Mais ce silence du Code équivaut-il à la suppression de l'emphytéose temporaire qui a été maintenue par les lois intermédiaires ? Remarquons d'abord que notre question laisse intact le principe de la liberté des conventions en tant qu'elles n'ont rien de contraire à la loi, à l'ordre public et aux bonnes mœurs : le propriétaire d'un immeuble pourra donc conférer à une personne le droit d'en jouir pendant un temps plus ou moins long avec faculté d'en changer la superficie, à la charge d'exploiter à ses frais, de payer les impôts, etc..... en un mot avec toutes les clauses qne nous avons rencontrées dans l'emphytéose. Tout le monde admet que ces clauses seraient valables dans un contrat de louage. Mais il s'agit de savoir si le contrat dont nous parlons serait une simple particularité du louage, ou bien si, aujourd'hui comme dans l'ancien Droit, ce contrat créerait un droit réel immobilier susceptible d'hypothèque et par suite de saisie immobilière, droit protégé par l'action possessoire et exclu par sa qualité d'immeuble de la communauté légale ? En un mot, l'emphytéose temporaire continue-t-elle d'exister sous le Code civil ?

Les auteurs sont loin d'être d'accord sur cette question et nous ne trouvons pas moins de quatre opinions en présence. Nous allons les passer rapidement en revue et exposer les motifs à l'appui :

La première opinion soutenue par MM. Merlin et Proudhon décide que le Code civil a maintenu l'emphytéose temporaire donnant au preneur le domaine utile et réservant au propriétaire le domaine direct.

Le silence du Code civil pas plus d'ailleurs que l'article 7 de la loi du 30 ventôse en XII, n'ont arrêté MM. Merlin et Proudhon. Voici les termes de l'article 7 de la loi de ventôse :

« A compter du jour où ces lois (celles dont la réunion » compose le Code civil) sont exécutoires, les lois romai- » nes, les ordonnances, les coutumes générales ou loca- » les, les statuts, les règlements, cessent d'avoir force » de loi générale ou particulière dans les matières qui » sont l'objet desdites lois composant le présent Code.»

MM. Merlin et Proudhon se font des arguments des objections qu'on oppose à leur système. « Le Code civil, dit Merlin, n'abroge les lois antérieures qu'autant qu'elles sont relatives aux matières qui sont l'objet dudit Code ; et, conclut-il, précisément parce que le Code civil ne traite pas de l'emphytéose, les lois antérieures qui admettent l'emphytéose temporaire et en déterminent les effets, sont encore dans toute leur vigueur. »

Nous rendons hommage à la subtilité de ce raisonnement, mais on avouera que si le Code civil avait laissé debout tout ce dont il a omis de parler, on pourrait ressusciter bien des principes de notre ancienne jurisprudence complètement oubliés aujourd'hui.

Quant au silence de l'article 2118 comparé aux expressions de l'article 6 de la loi de brumaire an VII, MM. Merlin et Proudhon en donnent l'explication suivante : D'après eux les législateurs du Code n'avaient pas besoin d'en parler comme ceux de la loi de brumaire, puisque ceux-ci ne s'en étaient occupés que pour faire cesser la confusion entre l'emphytéose et l'usufruit, et rectifier les idées du législateur de messidor an III et pour rétablir l'ancienne distinction du domaine entre le preneur et le propriétaire. Or, concluent-ils, cette confusion n'existant plus désormais, les rédacteurs du Code n'avaient nul besoin de donner spécialement à l'emphytéote le droit d'hypothéquer. Ce droit lui appartenait comme il appartenait à tout propriétaire.

Quant à la répugnance que manifeste notre Code civil pour toute décomposition même temporaire de la

propriété, Merlin y répond ainsi : « Pour pouvoir, de ce
» que le Code civil ne parle pas nommément de l'em-
» phytéose non perpétuelle, inférer qu'il la méconnaît,
» qu'il lui refuse l'effet qu'elle avait toujours eu précédem-
» ment de transférer temporairement le domaine utile, et
» qu'il la réduit à un simple contrat de louage, il faudrait
» pouvoir aller jusqu'à dire qu'il n'admet pas de pro-
» priété temporaire, et qu'il ne reconnaît point de milieu
» entre la qualité de propriétaire et celle de locataire ou
» fermier. »

Ces considérations, on le voit, sont très-générales.
Merlin ajoute encore que l'emphytéose est une concession d'une grande utilité justement à cause de cette division du domaine qui poussera le preneur à améliorer,
et c'est là le véritable intérêt du propriétaire. Le Code,
d'ailleurs, dans son article 2125 admet le transport à
temps de la propriété puisqu'il parle de cas où la propriété est résoluble. — Qu'au surplus, le droit d'usufruit,
bien différent de celui qui résulte du louage est un droit
réel et foncier, un démembrement de la propriété ; or,
l'article 617 permet formellement au propriétaire de
transmettre pour un certain temps l'usufruit de son bien :
que devient après cela, ajoute Merlin, l'objection tirée
de l'article 543 qui, dit-on, s'oppose à l'admission sur
les biens, de tout autre droit que celui de propriété
pleine ou de simple jouissance? On peut répondre à
cette objection qu'il est fort douteux que l'article 607

puisse s'interpréter de l'usufruit à l'emphytéose. Mais ce que nous ne pouvons comprendre, c'est que Merlin dans son explication de cet article ait pu ressusciter cette théorie du domaine direct et du domaine utile, alors que, comme nous l'avons vu dans le chapitre précédent, les lois antérieures au Code avaient eu pour principal objet de supprimer cette division de la propriété. Et chose plus étonnante encore, comment Merlin a-t-il pu transporter à l'emphytéose temporaire cette division du domaine, qui n'était appliquée, par l'ancien Droit, qu'à l'emphytéose perpétuelle? Il n'est pas soutenable que le Code ait été plus rétrograde que l'ancien Droit français, alors surtout que le Code est empreint d'un esprit assez semblable à celui qui guida la législation postérieure à 1789, laquelle législation, nous l'avons vu, avait supprimé l'emphytéose perpétuelle précisément en haine du démembrement de la propriété que l'emphytéose a pour but d'établir. Nous repoussons absolument l'opinion de Merlin.

C'est cependant cette opinion, se basant sur la distinction du domaine direct et du domaine utile qu'admet la jurisprudence ; et cette jurisprudence trèssolide s'appuie sur un si grand nombre d'arrêts identiques, qu'il est impossible d'espérer la modifier de longtemps, surtout à une époque où les contrats emphytéotiques deviennent de plus en plus rares en France.

La seconde opinion est celle adoptée par la Cour de cassation dans un arrêt du 1er avril 1840, arrêt dont la

Cour suprême réfute elle-même les principes dans un nouvel arrêt du 8 juillet 1851. Cette opinion reconnaît l'existence de l'emphytéose et considère cette concession comme donnant au preneur la propriété pleine pour le temps de sa durée.

On le voit c'est le système de Merlin, mais poussé beaucoup plus loin, puisque ce n'est plus seulement le domaine utile, mais le domaine entier qui est donné au preneur. D'après les partisans de ce système, le silence du Code civil s'explique tout naturellement puisque l'emphytéose n'est autre chose que le droit de propriété ; et l'article 543, doit être rapproché de l'article 2125 qui prouve que la propriété peut être transférée à temps, sans cesser pour cela d'être la propriété.

Par une contradiction qui ne s'explique pas cette opinion s'est introduite en matière fiscale, où cependant il est de principe que tout est *stricti juris*.

La troisième opinion, la plus généralement adoptée, repousse la division en domaine direct et en domaine utile de Merlin et n'admet pas davantage le transport au preneur d'un droit de propriété temporaire. D'après ce système, l'emphytéose existerait comme concession spéciale transmettant un droit réel au preneur, mais un droit réel qualifié de *jus in rè alienâ*, une servitude personnelle offrant de grandes analogies avec l'usufruit.

Voici les motifs invoqués à l'appui de cette opinion. Comparant les articles 526 et 543 les partisans de ce système font observer que le mot usufruit est quelquefois employé comme synonyme de « droit de jouissance » qui est rangé parmi les droits réels. Or, disent-ils, l'emphytéose *jus in re*, peut, avec plus de raison que l'usufruit, être considérée comme une espèce de droit de jouissance : Il n'est donc pas exact de dire que le Code est muet à son sujet; son silence n'est qu'apparent. Ceci admis, qu' « usufruit peut être employé comme synonyme de ce droit de jouissance », l'article 2118 sur les hypothèques est tout aussi explicite qu'on peut le désirer.

Ils invoquent également à l'appui de leur opinion, l'article 686, en vertu duquel on peut créer toutes sortes de servitudes pourvu qu'elles ne soient pas en faveur de la personne ou contre elle; or, sous ce rapport l'emphytéose se trouve dans les mêmes conditions que l'usufruit. La valeur de cet argument est fort restreinte si l'on songe que l'article 686 est placé au chapitre des servitudes ou services fonciers au nombre desquels il est impossible de ranger l'emphytéose.

Enfin, comme troisième argument, on prétend dans ce système qu'il vaut mieux, même en admettant le silence de la loi ne pas interpréter ce silence dans le sens d'une prohibition qu'on arriverait à éluder avec la plus grande facilité. En supposant, en effet, que la loi de ventôse au XII ait supprimé l'emphytéose, l'article 1122 du Code civil permettrait de la remplacer par la création d'un usufruit de quatre-vingt-dix-neuf ans ou à trois générations que l'on revêtirait des principaux caractères de l'emphytéose. Or, se demande M. Duranton, pourquoi le Code civil aurait-il pris la peine d'interdire le bail emphytéotique alors qu'il se serait trouvé si facilement établi par la seule volonté des parties?

En résumé, cette opinion reconnaît l'existence de l'emphytéose, et le Code civil la comprend dans le terme générique d'usufruit ou droit de jouissance. C'est un droit réel susceptible d'hypothèque dont le **maximum** est 99 ans.

Pour notre part, nous avouons que si nous ne pensions pas fermement que le Code a complètement supprimé l'emphytéose, nous préférerions de beaucoup ce système à ceux de Merlin et de la Cour de cassation. Ces derniers nous semblent être partis d'un point de vue tout à fait faux, tandis que dans le troisième système on traite au moins ce contrat comme dans l'ancien Droit, c'est-à-dire qu'on l'assimile le plus possible à l'usufruit.

Mais les partisans du système que nous venons de développer n'avaient pas seulement à chercher des raisons valables à l'appui de leur opinion; ils avaient aussi le devoir de réduire à néant les raisons invoquées par les partisans des deux premiers systèmes. Il faut reconnaître qu'ils se sont très-bien acquittés de cette tâche et qu'ils n'ont pas laissé debout un seul de leurs arguments. Voici d'abord, succinctement résumés, les principaux

motifs qui leur ont fait rejeter l'opinion adoptée par
MM. Merlin et Proudhon :

1° Même dans l'ancien Droit, l'emphytéose temporaire
ne transférait pas le domaine utile. C'est donc une inconséquence de prétendre que l'article 6 de la loi de
brumaire an VII, a eu pour but de rétablir ce qui
n'existait pas auparavant ; 2° la différence de rédaction
entre les lois de nivôse an III et brumaire an VII, base
du raisonnement de Merlin, est trop minime pour
qu'on puisse en conclure à une restauration aussi importante, et cela alors même que nous reconnaîtrions
l'existence de la division du domaine en utile et direct.
Au surplus, un des articles de cette loi de brumaire refuse au propriétaire le droit d'établir des hypothèques
sur la redevance emphytéotique ; 3° l'argument tiré de
l'opposition des articles 543 et 617 ne prouve pas que le
propriétaire ait le droit de faire une concession plus
étendue que l'usufruit ; 4° l'article 543 du Code civil ne
permet pas de créer un droit de propriété temporaire,
car qui dit propriété dit le droit le plus large d'user et
d'abuser, et ce n'est pas là le droit que Merlin reconnaît
à l'emphytéote auquel il donne le domaine utile ; 5° rien
ne prouve que de l'article 2125 découle la possibilité de
créer une propriété temporaire, car la résolution d'une
aliénation pouvant être l'effet d'une condition et non
d'un terme, cet article peut fort bien se comprendre et
s'expliquer sans une supposition de propriété temporaire ;

6° Quant à l'argument tiré du silence du Code civil, il serait facile, sous prétexte de silence du Code, de faire renaître toutes les anciennes concessions qui n'ont pas été nommément supprimées; 7° pour ce qui est des considérations générales sur l'utilité de l'emphytéose, cette utilité existe aussi bien que l'on accorde au preneur un droit de propriété ou un simple *jus in re.*

Quant à l'opinion émise par la Cour de cassation, dans son arrêt du 12 avril 1840 et que nous avons développée en deuxième lieu, les partisans du troisième système la repoussent avec plus d'énergie encore que celle de Merlin et pour les motifs suivants : Ni le Droit romain, ni l'ancien Droit français, ni le Droit révolutionnaire n'ont admis le transport de la pleine propriété à l'emphytéote, il serait étrange que l'on argumentât du silence du Code pour lui faire donner un *nouveau* caractère et une concession dont il n'a pas parlé; 2° il n'est pas logique de prétendre que qui peut le moins peut le plus : c'est pourtant ce qu'a déduit la Cour de cassation de ce que l'article 617 permet au propriétaire d'aliéner à temps une partie du droit de propriété; de ce qu'on peut aliéner l'usufruit pour un temps, il ne s'ensuit donc pas qu'on puisse en faire autant de la propriété; 3° l'article 543 ne parle que du droit de propriété pur; il écarte donc par *à contrario*, ce prétendu domaine utile qui appartiendrait à l'emphytéote.

Nous arrivons au quatrième système, le plus radical

de tous, adopté par MM. Aubry et Rau, Delvincourt et Demolombe ; il refuse à l'emphytéose toute existence distincte et prononce son assimilation complète avec le simple louage.

Cette opinion ne reconnaît pas l'existence de l'emphytéose sous le Code civil avec des caractères spéciaux ; si donc les parties ont eu l'intention de créer une emphytéose perpétuelle c'est la pleine propriété qui a été transférée au preneur et la redevance n'est qu'une simple créance éminemment rachetable ; si, au contraire, elles ont voulu créer une emphytéose temporaire elles n'ont fait qu'un simple louage.

Ce système concorde parfaitement avec les données historiques que nous avons sur cette question. Le Code est resté muet, il est vrai, mais il est certain que la question du maintien ou de la suppression de l'emphytéose fut vivement agitée par les législateurs. Nous avons vu plusieurs orateurs faire des efforts désespérés en faveur du maintien de l'emphytéose dans deux séances consécutives, et malgré cela la majorité fut toujours favorable à l'abolition du contrat. Cet argument est pour nous sans réplique. On demande le rétablissement formel d'une institution : après une vive discussion cette demande est rejetée ; que veut-on de plus ?

Comme le fait observer Demolombe, l'emphytéose existait en tant que droit réel depuis un nombre considérable de siècles ; ce n'était donc pas un contrat que l'on pût oublier, et d'un autre côté son maintien dans la législation ne pouvait résulter que d'une mention expresse. Or, les articles du Code étant absolument muets, ne font d'après nous que concorder avec la pensée des législateurs lors des discussions qui s'élevèrent à ce sujet.

On invoque la loi du 29 décembre 1790. Vous admettez, disent les adversaires de notre opinion, que l'article 1er, t. 1, de la loi du 29 décembre 1790, est encore en vigueur comme fixation du maximum de durée des concessions à temps; comment, dès lors, pouvez-vous le considérer comme aboli au sujet de l'emphytéose temporaire ? Le code civil est aussi muet sur le premier point, qu'il l'est, d'après vous sur le second ? La réponse est facile et nous la trouvons dans la loi du 30 ventôse an XII. Cette loi, en effet, déclare abrogées purement et simplement toutes les dispositions antérieures qui se rapportent à des questions sur lesquelles le nouveau Code aura eu à se prononcer. Or, le Code ne traite pas la question du maximum de durée des concessions temporaires, tandis qu'au contraire, dit M. Demolombe, « il statue précisément sur cette grande question de savoir quels sont les droits que l'on peut avoir sur les biens ; il renferme à cet égard une loi nouvelle et complète. Donc toutes les lois antérieures sur la même matière sont en conséquence abrogées. » Il suit de là, que dans le premier cas, la loi de ventôse ne s'oppose pas au maintien des dispositions de la loi du 29 décembre 1790 ; tandis que dans le second, elle s'y oppose formellement puisqu'il s'agit de matières traitées dans le Code.

D'ailleurs plusieurs articles du Code viennent à l'appui de notre opinion et nous montrent l'intention bien formelle du législateur.

Et d'abord l'article 526.

« Sont immeubles par l'objet auquel ils s'appliquent :

L'usufruit des choses immobilières ;

Les servitudes aux services fonciers;

Les actions qui tendent à revendiquer un immeuble. »

La mention expresse du contrat d'emphytéose n'eût-elle pas dû trouver dans cet article une place toute naturelle ?

Citons encore l'article 543 qui, indiquant les différents droits qu'on peut avoir sur les biens, s'exprime ainsi :

« On peut avoir sur les biens ou un droit de propriété ou un simple droit de jouissance, ou seulement des services fonciers à prétendre. »

Nous ne pouvons nous résoudre a admettre, quoiqu'en aient pu dire certains auteurs, que le législateur en parlant dans ce texte d'un simple droit de jouissance, a eu pour but d'autoriser l'emphytéose temporaire. Il n'a évidemment songé qu'à l'usufruit. Ce serait autrement une bien singulière façon de faire les lois.

Un dernier argument opposé à notre système est l'article 2118, qui s'exprime en ces termes :

« Sont seuls susceptibles d'hypothèques :

1° Les biens immobiliers qui sont dans le commerce et leurs accessoires réputés immeubles ;

2° L'usufruit des mêmes biens et accessoires pendant le temps de sa durée. »

D'après nos adversaires, l'expression « usufruit » a, dans cet article, un sens beaucoup plus large que celui qu'elle a d'ordinaire. Ils font rentrer l'emphytéose sous le terme générique de « droit de jouissance » de l'article 543, et « d'usufruit » de l'article 2118. Ils feignent d'ignorer que l'expression « droit de jouissance » a été mise dans l'article 543, pour comprendre tous les droits réels, et réparer ainsi l'omission faite dans l'article 526 pour les droits d'usage et d'habitation. Or, on admet généralement que tel a été le sens de l'article 543, et dès lors on ne saurait argumenter de ces articles pour donner au mot « usufruit » un sens plus étendu que celui que lui donne la loi, et notamment l'article 2118, où il est évidemment placé par opposition aux droits d'usage d'habitation, et où, par conséquent, on ne saurait lui donner un sens générique. Or, voyez la logique ! D'une part, nos adversaires n'admettent pas que les législateurs aient pu oublier de parler dans l'article 526 des droits d'usage et d'habitation ; ils donnent au mot « usufruit » un sens générique et font rentrer sous cette dénomination, l'emphytéose ainsi que des deux autres droits réels que nous venons d'indiquer, c'est-à-dire l'usage et l'habitation ; d'autre part, pour pouvoir comprendre dans l'article 2118, l'emphytéose, ils conservent au mot « usufruit » de cet article son sens générique et ils refusent d'y faire rentrer les droits d'usage et d'habitation. C'est, on le voit, introduire l'arbitraire le plus complet dans la discussion des textes. Aussi, pour ne pas tomber dans la contradiction, est-on forcé de laisser au mot « usufruit » son sens spécial.

Du reste, si nous nous reportons à l'historique de l'article 2118, nous y verrons bien l'arrêt de mort du bail emphytéotique. Et d'abord quelle a été la source de l'article 2118 ? Il tire évidemment son origine des lois hypothécaires du 9 messidor an III et du 11 brumaire an VII. Or, ces lois examinent les biens susceptibles d'hypothèque, déclarent formellement que l'emphytéose peut être hypothéquée. Survient le Code civil : il copie textuellement les articles des lois précitées relatifs aux biens suceptibles d'hypothèques. Il n'omet qu'une seule chose, c'est l'emphytéose ! Ainsi, le Code ne supprime qu'un mot ; ce mot c'est l'emphytéose, et l'on veut en présence d'un pareil fait que l'existence du bail emphytéotique puisse se soutenir dans notre législation !

Ira-t-on jusqu'à dire, ! pour répondre à ce dernier argument, que l'emphytéose s'est maintenue, mais qu'on lui refuse maintenant le droit d'être hypothéquée ? Nous

13

nous trouverions alors en présence d'une emphytéose bâtarde et dégénérée. Droit réel, elle ne serait susceptible ni d'hypothèque ni de saisie immolière, deux des avantages les plus importants des droits réels! Et d'ailleurs quelle anomalie!

L'usufruit, concession d'une durée moins certaine et par suite moins digne de la protection du législateur, pourrait être hypothéqué, tandis que l'emphytéose ne le pourrait pas! C'est ce qu'avait bien compris la loi de nivôse an III, puisqu'elle permettait d'hypothéquer l'emphytéose, mais ne permettait pas d'hypothéquer l'usufruit. Aussi l'absence seule du droit d'hypothéquer l'emphytéose dans le Code suffirait pour prouver qu'elle n'existe plus.

Quant aux considérations générales, tirées soit de la facilité d'éluder une semblable prohibition par la constitution d'un usufruit de 99 ans, soit de l'utilité de l'emphytéose pour l'agriculture, on peut répondre que la possibilité d'éluder un principe ne prouve rien contre sa non existence. D'autre part, la discussion au conseil d'Etat que nous avons examinée plus haut nous montre que les législateurs du Code n'ont reconnu d'utilité à l'emphytéose que dans les périodes de trouble et de transition. Nous n'examinons pas en ce moment si le législateur a eu tort ou raison de supprimer une semblable institution, nous constatons seulement que sa volonté bien formelle était de l'abolir.

Ainsi l'emphytéose n'existe plus et les législateurs l'ont sciemment supprimée; désormais, d'après nous, tout contrat passé sous ce nom devrait être traité comme un simple bail. Hâtons-nous de dire que cette question est purement théorique, car, dans la pratique, la solution en est maintenant définitive, et rien ne nous autorise à penser que la jurisprudence en arrive à se déjuger de sitôt.

Il ne nous reste plus qu'à examiner rapidement les principales règles appliquées à l'emphytéose par la jurisprudence.

II

DROITS ET OBLIGATIONS DE L'EMPHYTÉOTE D'APRÈS LA JURISPRUDENCE.

Les droits de l'emphytéote sont les mêmes que ceux de l'emphytéote temporaire dans l'ancien droit; et il faut se reporter aux anciennes règles tant qu'on ne rencontre pas de dispositions nouvelles. Pourvu qu'il ne dégrade pas, il peut disposer de la chose, changer le genre de culture, et, s'il ne laisse pas le fonds dépérir entre ses mains, on peut le regarder comme un véritable propriétaire pendant la durée du bail emphytéotique.

Pour ce qui est de la durée, nous nous en rapportons

à la loi des 18-29 décembre 1790, aux termes de laquelle un bail emphytéotique ne peut dépasser 99 ans. Le Code n'a apporté aucune modification à cette matière, qui, par suite, a été maintenue. La jurisprudence reconnaît aussi à l'emphytéote le droit d'hypothéquer le fonds. Voici comment s'exprime un arrêt de la Cour de cassation du 18 juillet 1832 : « Un tel droit (le droit emphytéotique) est immobilier et l'emphytéote a la faculté de disposer de tout ce qu'il possède à ce titre par vente, échange ou donation, et par affectation hypothécaire à la charge des droits du bailleur. » L'emphytéote pourra donc hypothéquer son bien, pourvu qu'il ne lèse pas les droits du bailleur, ce qui revient à dire que l'hypothèque sera anéantie le jour de la cessation du contrat.

Il résulte encore de cet arrêt de la Cour de cassation que le preneur peut céder le fonds emphytéotique par vente, échange ou donation, mais il reste entendu que ces vente, échange ou donation ne pourront se faire qu'à la condition de ne pas nuire au bailleur. Notons, en passant, que cette obligation de ne pas nuire aux intérêts du concédant ne se rapproche en rien des droits existánt jadis en faveur du *dominus* en cas de transfert de la propriété du fonds emphytéotique.

L'alluvion et les accroissements accidentels qui pourraient survenir au fonds profiteront à l'emphytéote ; et, pour ce qui est des servitudes n'apportant aucune détérioration, nous suivrons la solution que nous avons donnée à propos de l'hypothèque : elles tomberont de plein droit le jour où l'emphytéose cessera d'exister.

En cas d'expropriation pour cause d'utilité publique, nous trouvons dans un arrêt de la Cour de cassation du 12 mars 1845 une décision qui nous semble digne de la plus haute approbation : « Les juges chargés d'apprécier l'étendue du droit de l'emphytéote, sur l'indemnité allouée, n'exagèrent pas cette étendue en assimilant l'emphytéote à un usufruitier et en lui accordant, dès lors, la jouissance intégrale de cette indemnité pendant toute la durée de l'emphytéose. »

Constatons aussi le droit qu'un arrêt de la Cour de cassation du 26 juin 1822 donne à l'emphytéote moderne de pouvoir intenter en son nom personnel l'action possessoire. Il peut intenter cette action aussi bien contre le propriétaire qui viendrait le troubler dans sa jouissance que contre les tiers.

L'usufruitier jouissant de l'action en bornage, il n'est pas douteux que cette action n'appartienne aussi à l'emphytéote.

Enfin, une question fort controversée est celle de savoir si l'action en rescision pour cause de lésion appartient à l'emphytéote. Un arrêt de la Cour de Bruxelles du 28 thermidor an IX la lui refuse, mais il est juste de remarquer que cette solution n'est pas universellement admise. Vivement controversée dans l'ancien Droit, cette question n'est pas encore tranchée. Le Code civil ne contenant aucune décision contraire, nous nous prononçons pour l'admission de l'action en rescision.

Nous avons accordé à l'emphytéote la faculté d'hypothéquer son droit et de constituer certaines servitudes, nous ne voyons aucune difficulté à lui accorder la pleine faculté de l'aliéner ; seulement il demeurera toujours tenu envers le propriétaire du paiement de la redevance : nous avons vu qu'en Droit romain il n'en était point ainsi : c'est qu'en Droit romain le propriétaire était formellement mis en demeure d'accepter le nouvel acquéreur, et il pouvait ainsi juger si les garanties étaient suffisantes. — Dans l'ancien Droit français, une raison de plus militait en faveur de la décharge de l'emphytéote vendeur : c'est que la redevance était assimilée à une rente foncière, due principalement par l'immeuble, en quelque main qu'il se trouvât. Ni l'un ni l'autre de ces motifs n'existe dans notre Droit actuel. L'ancien emphytéote ne pourra donc se décharger de son obligation que par une novation par changement de débiteur, et le propriétaire sera toujours libre de refuser.

En ce qui concerne les carrières, tourbières, on appliquera simplement l'article 598 : l'emphytéote pourra en ouvrir de nouvelles, et même, si lors de l'entrée en jouissance rien n'est encore exploité, il pourra extraire les produits nécessaires à sa consommation et à l'entretien du fonds. On admet ce tempéramment d'équité pour l'usufruit comme conséquence de l'article 592 : on doit, *à fortiori*, l'admettre pour l'emphytéose. Quant aux mines, la question est plus complexe : une loi du 21 avril 1810, dérogeant au principe suivant lequel la propriété du dessous emporte celle du dessus, donne à l'État le droit de concéder l'exploitation d'une mine à toute personne, qu'elle soit ou non propriétaire de la surface. Si la concession a lieu au profit d'un étranger, ce dernier doit au propriétaire de la surface, qui subit ainsi une sorte d'expropriation, une redevance annuelle à titre de compensation. L'emphytéote a-t-il droit à cette redevance? Nous ne le pensons pas, car la culture du sol et l'exploitation agricole ont été le but de la concession emphytéotique, et c'est aller un peu trop loin que de supposer que les parties ont eu en vue des produits industriels. — On ne peut pas prétendre que la redevance minière est une compensation aux embarras causés par l'extraction du minerai, car les articles 43 et 45 de la loi de 1810 donnent à l'emphytéote d'autres moyens de se faire indemniser.

Passons maintenant aux obligations de l'emphytéote. — La première de ces obligations sera de payer la redevance.

On peut se demander si, dans le droit moderne, le canon est de l'essence de l'emphythéose, tellement qu'une concesssion emphytéotique ne puisse valoir, s'il n'y a pas stipulation d'une redevance annuelle ?

Un arrêt de la Cour de Paris du 3 février 1836 décide

que cette stipulation n'est pas essentielle à la perfection du bail. — Cette solution peut s'admettre, à la rigueur, mais il nous semble que dans ce cas l'emphytéose sera bien difficilement distinguée de la foule des conventions que des particuliers peuvent faire, sans qu'on songe jamais à regarder ces conventions comme des contrats ayant une existence et des règles spéciales.

Quoi qu'il en soit, lorsque telle sera la condition du contrat, l'emphytéote devra payer le canon annuel, et de même que sous l'ancienne législation, nous croyons qu'il ne faut pas parler ici de diminution du canon pour cause de stérilité ou autres cas fortuits.

Quelle que soit leur dénomination et leur importance, l'emphytéote doit payer tous les impôts afférents au fonds : Ainsi, la contribution foncière, les centimes additionnels, et en cas de guerre, les taxes extraordinaires.

Lorsqu'elles veulent désigner les contribuables, les lois qui organisent l'impôt ne parlent jamais que du propriétaire, mais on s'accorde généralement à entendre sous ce nom la personne qui a la jouissance effective du fonds, et l'emphytéote rentre dans cette catégorie.

La seconde obligation de l'emphytéote consiste à jouir de la chose en bon père de famille ; il doit donc entretenir la chose en bon état, c'est-à-dire cultiver les biens et réparer les constructions sans qu'on ait à considérer si les réparations sont rangées dans la classe des grosses ou des menues réparations. — De même que dans notre ancien droit l'emphytéose n'impose plus au preneur l'obligation d'améliorer le fonds ; ce caractère est resté spécial à l'emphytéose romaine. Nous devons noter cependant que dans la pratique les constitutions d'emphytéose sont accompagnées de conditions spéciales parmi lesquelles figure toujours pour le preneur l'obligation d'améliorer. Cela tient à la nature de ce bail et aux modifications qu'il a subies de nos jours ; et c'est tellement vrai que si nous voulons chercher dans les exemples d'emphytéose qui existent de nos jours, nous ne trouverons pas un seul de ces contrats dans lequel le propriétaire n'ait pas eu l'intention de pousser à l'amélioration du fonds soumis au droit emphytéotique. — Ainsi on ne trouve guère l'emphytéose de nos jours qu'en Bretagne, dans les Landes et dans le Dauphiné (où l'on désigne ce contrat sous le nom d'*albergement*), pays dans lesquels il existe un grand nombre de terres incultes qu'on ne saurait améliorer ou défricher à l'aide d'un autre moyen. On retrouve encore ce but d'amélioration de la part du propriétaire dans les concessions faites à Paris vers le milieu du siècle. C'est, en effet, dans l'espoir de la plus-value que devaient leur procurer les constructions projetées que les propriétaires ont cédé en emphytéose la plus grande partie du sol bordant la rue Lepelletier. — Le théâtre de l'Opéra-comique fut construit à l'aide d'un semblable contrat. Il serait donc à peu près impossible de nos jours de rencontrer, en fait, un bail d'emphytéose sans obligation d'améliorer.

Mais comment se fera le règlement entre l'emphytéote et le propriétaire à la fin de la jouissance, si l'emphytéote, qui n'est tenu d'aucune amélioration, a opéré sur le fonds des améliorations importantes, par exemple des constructions nouvelles. Nous avons vu que dans l'ancien Droit français on appliquait les principes des jurisconsultes romains, et que, sauf le cas de fraude, on assimilait l'emphytéote au constructeur de bonne foi en lui accordant indemnité. Dans le Droit moderne la question est vivement controversée, et une première opinion ne voit dans cette espèce qu'une application de l'article 555 du Code civil, ainsi conçu :

« Lorsque les plantations, constructions et ouvrages » ont été faits par un tiers et avec ses matériaux, le pro-» priétaire du fonds a droit, ou de les retenir ou d'obliger » ce tiers à les enlever. Si le propriétaire du fonds » demande la suppression des plantations et construc-» tions, elle est aux frais de celui qui les a faites, sans » aucune indemnité pour lui ; il peut même être con-» damné à des dommages et intérêts, s'il y a lieu, pour » le préjudice que peut avoir éprouvé le propriétaire du » fonds. Si le propriétaire préfère conserver ces planta-» tions et constructions, il doit le remboursement de la » valeur des matériaux et du prix de la main-d'œuvre, » sans égard à la plus ou moins grande augmentation » de valeur que le fonds a pu recevoir. Néanmoins, si les

» plantations, constructions et ouvrages ont été faits par
» un tiers évincé qui n'aurait pas été condamné à la res-
» titution des fruits, attendu la bonne foi, le propriétaire
» ne pourra demander la suppression desdits ouvrages,
» plantations et constructions, mais il aura le choix ou de
» rembourser la valeur des matériaux et du prix de la
» main-d'œuvre ou de rembourser une somme égale à
» celle dont le fonds a augmenté de valeur. »

Cet article 555 devait être cité dans son intégrité parce qu'il résume le premier système proposé sur cette question, d'après lequel l'emphytéote se trouvera soumis au bon plaisir du propriétaire qui pourra choisir entre ces deux partis : contraindre l'emphytéote à enlever les constructions qu'il a faites, ou bien les conserver et en devenir propriétaire en payant la valeur des matériaux et le prix de la main-d'œuvre.

MM. Aubry et Rau et Demolombe, à l'opinion desquels nous nous rallions, sont d'avis, au contraire, que l'article 555, en tant qu'il concerne les constructions nouvelles et non les améliorations de détail, n'est pas entièrement applicable à l'usufruitier. S'il faut en croire ces savants auteurs, cet article vise spécialement les rapports du propriétaire avec un tiers auquel il n'est rattaché par aucun lien contractuel. L'usufruitier, au contraire, n'est justiciable que de l'article 599 qui le force à abandonner purement et simplement, sans indemnité, Mais on fait observer, avec raison, qu'il y a loin de la simple amélioration qui s'incorpore avec ǀle fonds, et de la construction nouvelle qui forme un tout bien distinct. Dans ce dernier cas, la plus vulgaire équité ordonne que l'usufruitier soit au moins assimilé au constructeur de mauvaise foi, par analogie à ce qui a lieu en matière de louage (1730-1731). Au lieu de le laisser à la discrétion du propriétaire, on devra donc lui permettre, soit d'enlever, soit d'exiger du propriétaire le prix des matériaux et de la main-d'œuvre. Cette solution nous semble de tous points applicable à l'emphytéose.

III

Modes d'Établissement, — de Transmission, — d'Extinction.

L'emphytéose peut s'établir par contrat et aussi par testament : seulement, dans ce cas, la disposition sera toujours soumise à cette condition, si le légataire consent à payer le fermage.

Quant à la prescription, si elle est de dix ou vingt ans, il faut, pour acquérir par ce moyen, un titre émanant du propriétaire et, de plus, la bonne foi ; ces conditions, une fois remplies, nous ne voyons pas quelles raisons pourraient empêcher de l'admettre. Pour la prescription de trente ans, nous nous en rapportons à ce que nous avons dit de ce mode de constitution de l'emphytéose dans l'ancien Droit.

Voyons maintenant comment pouvait se transmettre le bail emphytéotique. Nous avons vu plus haut que l'emphytéote avait le droit de transmettre son bail par vente, échange et donation ; il va sans dire que cette énumération n'est pas limitative, et que l'on doit même y joindre les transmissions par décès.

Les héritiers de l'emphytéote succèderont donc au bail emphytéotique, lequel se divise de plein droit entre eux ; mais si l'un d'eux n'exécute pas ses obligations à l'égard du bailleur, celui-ci pourra demander la résiliation pour le tout. Du moment, en effet, que les obligations auxquelles était soumis le preneur originaire ne sont pas accomplies en entier, le contrat est violé et l'on tombe sous l'application de l'article 1741.

Quelles sont les diverses manières dont l'emphytéose prend fin ? Nous avons encore ici à distinguer les cas d'extinction des cas de déchéance. Sauf le déguerpissement, que le droit moderne n'admet pas, nous retrouvons les mêmes cas d'extinction que dans l'ancien Droit : l'échéance du terme, la mort de l'emphytéote sans postérité ou sans successeur, la confusion, la perte de la chose et enfin la prescription.

C'est ici le lieu de remarquer que l'emphytéose ne peut cesser par la prescription de la propriété, au profit

de l'emphytéote, parce que n'étant qu'un détenteur précaire, il possède pour autrui, et ne peut changer le titre
de sa possession ; mais elle peut cesser par application de
l'article 2262, et par argument de l'article 2263, qui nous
montre qu'aujourd'hui la prescription libératoire peut
s'appliquer aux dettes successives.

Mais la principale cause d'extinction est, sans contre-
dit, la déchéance. Les deux principales causes de déchéance sont la détérioration et le non-paiement du
canon : quant à la troisième cause de déchéance qui
existait dans l'ancien Droit, elle n'existe plus ; nous
voulons parler de celle pour non accomplissement des
conditions requises en matière d'aliénation.

. La déchéance pour cause de détérioration résulte pour
le bail de l'article 1741 et d'un argument *à fortiori* de
l'article 1729 ; car s'il est permis au propriétaire de
demander la résiliation pour un dommage éventuel, à
plus forte raison le pourra-t-il pour un dommage causé.
Mais les tribunaux useront, dans ce cas, d'un large
pouvoir d'appréciation, et rien n'empêchera qu'ils n'accordent des délais à l'emphytéote pour remettre le fonds
en état, par application de l'article 1184 ; quant au non
paiement du canon, nous croyons qu'ici encore on doit
faire l'application pure et simple des règles de la condition résolutoire dans les contrats synallagmatiques. On
a vu, d'ailleurs, que la commise, faute de paiement,
s'est perpétuée comme trait caractéristique de notre

contrat depuis le Droit romain. — Or, puisqu'aucun principe ne s'y oppose, quelle raison y aurait-il de la supprimer dans le Droit moderne ? Au surplus, un arrêt du 13 février 1833 de la Cour de Grenoble est formel en ce sens. Cet arrêt déclare que l'albergataire qui laisse passer trois ans, sans payer la rente, est soumis au déguerpissement des immeubles albergés, lors même qu'il n'y aurait, dans l'acte, aucune stipulation de pacte commissoire. Or, nous savons qu'en Dauphiné l'albergement n'était autre chose que l'emphytéose. Cette décision de la Cour de Grenoble peut donc être généralisée et appliquée à tout contrat emphytéotique.

On rencontre dans les auteurs, au sujet de cette deuxième échéance, une controverse importante. La question en litige est celle-ci : Comment appliquera-t-on la condition résolutoire, soit tacite, soit formellement exprimée au contrat ?

Nous distinguerons deux cas, suivant que le contrat dont il s'agit est postérieur ou bien antérieur au Code civil. Examinons d'abord le premier cas.

Il est nécessaire pour cela de nous reporter aux règles de droit commun sur la condition résolutoire. Le pacte commissoire est sous entendu dans tout contrat synallagmatique, c'est-à-dire que si l'un des contractants n'accomplit pas ses obligations, l'autre peut obtenir la résolution du contrat. Ainsi donc, le contrat fût-il muet, la résolution peut avoir lieu, mais n'a d'effet qu'à partir du prononcé du jugement, et l'article 1184 donne aux juges la faculté d'accorder des délais. Mais si les parties conviennent que, faute de paiement à l'échéance, la résolution aura lieu de plein droit, cette clause n'a pas pour effet de mettre le débiteur en demeure par la seule échéance du terme; elle signifie seulement que le juge n'aura plus, comme dans l'hypothèse précédente, la faculté d'accorder des délais; ceci ne peut avoir lieu que par une sommation, conformément à l'article 1656.

Duvergier (1) et Troplong (2) prétendent que cet article 1656, placé au Code sous la rubrique de la vente, n'est applicable qu'à ce contrat et ne doit recevoir aucune extension : par suite, il ne peut s'appliquer à l'emphytéose, mais Aubry et Rau et Colmet de Santerre font observer avec raison que l'article 1139 a abrogé l'ancienne règle, *Dies interpellat pro homine,* et que le seul article du Code, qui parle de la demeure, est précisément l'article 1656. Force est bien de l'appliquer en dehors de la vente, puisqu'il n'y en a pas d'autre, et nous le suivrons en matière d'emphytéose.

Quant à notre deuxième hypothèse, c'est-à-dire celle qui a trait au contrat d'emphytéose formée antérieurement au Code civil, nous devrons les combiner avec la règle de non rétroactivité des lois.

(1) Louage I, n⁰ 174.

(2) Louage I, n⁰ 48.

Il arrivait très-souvent, dans les emphytéoses de l'ancien Droit, qu'on inscrivait au contrat une clause suivant laquelle la seule échéance du terme faisait encourir la commise faute de paiement. Cette clause était devenue de style, et, dans l'ancien Droit, on la considérait toujours comme comminatoire. Il doit en être de même sous l'empire du Code, et cette clause sera réputée non pas comme non écrite, mais du moins interprétée dans le sens qu'elle avait autrefois. C'est d'ailleurs ce qu'a décidé un arrêt de la Cour de cassation du 19 mai 1813. Dans notre espèce, donc, l'emphytéote pourrait encore se libérer et échapper à la résolution, en offrant même, après sa mise en demeure, le montant des arrérages qu'il doit.

La constitution d'une emphytéose et la transmission de ce droit donnent lieu à la perception d'un droit d'enregistrement proportionnel. Pendant longtemps, la régie de l'enregistrement ne percevait que le droit proportionnel dont la loi fiscale frappe les baux ordinaires. Mais elle reconnut son erreur, et un arrêt de la Cour de cassation du 1er avril 1846 considère l'emphytéose comme translative de droit réel immobilier et la taxe en conséquence au taux de 5 fr. 50 c. pour 100, droit fixé par l'article 4 de la loi du 22 frimaire an VII.

En terminant ce rapide exposé de l'emphytéose moderne, nous devons dire un mot d'un genre de concession aujourd'hui très-fréquent et qui présente une cer-

taine analogie avec le contrat emphytéotique : nous
avons nommé les concessions de chemins de fer.

On sait combien cette innovation eut de peine à s'ac-
climater en France qui, sous le rapport des voies fer-
rées, est encore de beaucoup en arrière sur une foule de
nations étrangères. Toujours est-il que les chemins de
fer ne furent admis qu'avec une extrême méfiance, et
M. Thiers n'hésita pas à en prédire la ruine, à la tri-
bune de la Chambre des députés. On conçoit combien
avec de semblables dispositions de la part des législateurs les commencements des chemins de fer durent
être pénibles : les mouvements populaires qui se produisirent en France, à cette époque, et les paniques des
actionnaires, firent modifier, à plusieurs reprises, les règles d'exploitation des chemins de fer. Enfin l'ordre se
rétablit dans les concessions de chemins de fer, et après
beaucoup de temps on en arriva à trouver un modèle-
type sur lequel se font toutes les concessions nouvelles.
C'est ce dernier état de concession qui offre de l'analogie avec l'emphytéose; cependant il existe entre ces
deux genres de concessions une différence capitale.

L'emphytéose, en effet, ne peut porter que sur un
bien immobilier : dans les concessions de chemins de fer,
au contraire, c'est l'exploitation de la ligne d'un service
de transport et non l'exploitation d'un fonds de terre
qui est cédé à la Compagnie. On objecte que la Compagnie acquiert un droit sur les terrains concédés, c'est

vrai; mais ce n'est là que l'accessoire; le principal objet de la concession, c'est l'exploitation de la ligne.

On peut faire observer, en outre, que les règles qui régissent les concessions de chemin de fer sont bien plus étroits que celles qui régissent les baux emphytéotiques. Les droits et les obligations des Compagnies sont énumérés avec une telles minutie que, même en admettant l'assimilation entre les concessions du chemin de fer et l'emphytéose, il serait difficile de trouver un intérêt pratique à la question, c'est-à-dire de trouver une hypothèse où il nous serait possible d'appliquer les règles de l'emphytéose ordinaire.

Ces réserves faites, nous n'hésitons pas à reconnaître la grande ressemblance qui existe entre ces deux contrats. Dans les deux cas, le droit de jouissance est très-large; il est concédé pour un temps déterminé et sa durée ne peut jamais dépasser celle fixée par la loi, c'est-à-dire quatre-vingt-dix-neuf ans.

CONCLUSION

————

Nous nous sommes efforcé dans cette étude de suivre les progrès et la décadence du bail emphytéotique depuis les temps les plus reculés de l'Empire romain jusque dans la législation actuelle. Aujourd'hui l'emphytéose a pour ainsi dire disparu de nos meurs, et en tant que contrat pratique, on peut affirmer qu'elle est rarement appliquée en France.

La Révolution de 1789 lui a porté un coup mortel en voulant frapper des institutions qui n'avaient qu'un rapport très-indirect avec ce contrat. On a reconnu depuis que les législateurs de cette époque avaient agi peut-être avec un peu trop de pécipitation, et l'on s'accorde à croire que, même de nos jours, cette institution aurait pu rendre encore de grands services à l'agriculture. Quoi qu'il en soit, on doit regretter que le Code n'ait pas suivi la voie d'un grand nombre de législations étrangères; d'autant plus qu'à notre époque où l'étude de l'économie politique semble être en très-grande faveur, nous ne croyons pas qu'on ait encore rien découvert de plus ingénieux que cette combinaison qui, considérant la terre comme capital, on confie l'exploitation à celui qui, par son aptitude spéciale et par la possession de capitaux mobiliers, en tirera le plus grand profit possible. Pour faire prospérer les sociétés commerciales on cherche des commanditaires : pourquoi n'userait-on pas aussi de commanditaires dans l'intérêt de l'industrie agricole, alors surtout que le commanditaire est ici tout trouvé ?

D'ailleurs qu'elle n'est pas la supériorité de l'emphytéose sur le bail à ferme. Les fermiers ne pouvant pas emprunter sur le fonds, n'étant pas d'ailleurs assurés d'une longue jouissance, sont pressés de jouir et ne font aucune amélioration importante. L'emphytéote au contraire, assuré d'une longue jouissance, pouvant disposer du capital dans une mesure compatible avec le respect du droit de propriété, pourrait tenter bien des essais que le fermier en est réduit à désirer.

Nous entendons déjà nombre d'économistes nous crier que ce serait porter atteinte au principe de la circulation des biens et restaurer la grande propriété si contraire à la richesse publique. Et on nous jettera probablement à la face ce mot de Pline, dont on a tant abusé et qu'on a, selon nous, si mal compris :

« *Latifundia perdidere Italiam jam et provincies.* »

Ce cri d'un patriote est vrai, mais à condition d'y

ajouter d'autres raisons. Ce n'est pas dans les *latifundia* considérées sous le rapport de l'étendue que l'on doit trouver le mal. Et quiconque aura un peu étudié les annales de Rome pensera avec nous que le mal venait surtout de la manière dont les propriétés étaient exploitées.

Il ne faut donc pas voir dans la grande propriété la cause de la décadence de Rome. Nous croyons que dans certaines natures de terrains, le morcellement de la propriété est préférable; mais on ne niera pas qu'en général les grands domaines sont aussi favorables aux progrès de l'agriculture que la propriété divisée. Les capitaux étant plus abondants, les pertes sont moins sensibles, les frais relativement moins considérables, les essais agricoles plus faciles à tenter et l'esprit de routine moins tenace. D'ailleurs, même dans la civilisation moderne, les faits sont patents à l'appui de notre opinion : qu'on jette un coup d'œil sur l'Angleterre et ses vastes domaines ! Nulle part l'agriculture n'est plus florissante, et pourtant le voyageur étonné marche toute une journée sans quitter les possessions d'un même maître. Là aussi, comme dans l'ancien Empire romain, il y a des *latifundia*, sans qu'il y ait pour cela des terres abandonnées.

Mais, nous dit M. Troplong : « Quand le sol est soumis au mouvement rapide d'une division indéfinie, quand les détenteurs des domaines fonciers se serrent les uns contre les autres avec tant de presse qu'il y a place à peine pour les nouveaux venus, quand enfin la propriété est emportée par une circulation incessante, le bail emphytéotique demande trop à l'avenir pour une génération qui dévore le présent; il ne répond plus à aucun besoin impérieux; il ne peut être que rare et accidentel. »

Pour répondre à M. Troplong, on n'a qu'à se reporter aux causes qui firent surgir à Rome le bail emphytéotique. Le but était de favoriser la population agricole en la retenant dans les campagnes, dont la dépopulation devenait inquiétante; et c'est surtout pour remédier à ce mal très-développé que notre contrat fit son entrée dans la législation. Il n'est certes pas de notre compétence d'examiner les causes qui, à l'époque actuelle, semblent présenter un point d'analogie avec cette période de l'Empire romain à laquelle nous faisons allusion. Mais, si comme nous le croyons, les causes de décroissance dans la population ne sont plus les mêmes, cette dépopulation n'en semble pas moins, malheureusement, se manifester d'une façon inquiétante dans les campagnes de France.

Il y a longtemps qu'on a dit : *nil novi sub sole*. Ne serait-ce pas le cas d'appliquer aux mêmes maux les mêmes remèdes?

Il existe encore en France de vastes territoires absolument incultes, et dans le Sud-Ouest et le Midi, il n'est pas rare de rencontrer d'immenses étendues sans culture et même sans propriétaire. Croit-on que le régime emphytéotique encouragé dans ces contrées y produirait de mauvais résultats?

Nous croyons que dans ces pays, qui offrent une si grande analogie avec ce qui existait dans l'Empire romain, l'emphytéose pourrait encore produire d'excellents résultats en faveur de l'agriculture et développer la richesse de ces régions. Ecoutons Rossi dans ses observations sur le Code civil : « L'emphytéose, dit-il, n'a même pas été mentionnée dans le Code, tandis que si on en avait bien saisi le caractère constitutif, l'accroissement du fonds capital par les améliorations, on aurait aperçu les rapports intimes de cette forme de concession avec le progrès de l'économie sociale et avec les nombreuses améliorations dont le sol de la France pourrait s'enrichir par l'action de l'industrie particulière. Les auteurs du Code civil, craignant peut-être d'être accusés d'un retour à la féodalité, n'ont su ni proscrire ni régler l'emphytéose temporaire. »

On sait que nous n'admettons pas la conclusion de Rossi, et que selon nous, le Code a parfaitement proscrit l'emphytéose. Mais la question n'est pas là, et si nous avons cité Rossi, c'est pour montrer quelle a été sur ce point l'opinion d'un esprit aussi éclairé.

Du reste, hâtons-nous de le dire, dans le projet du Code rural qui, à ce moment même, est à l'étude d'une des commissions du Sénat, un titre entier est consacré au bail emphytéotique. Mais il faut avouer que ce Code rural, pourtant si nécessaire, joue du malheur. Après plusieurs tentatives demeurées infructueuses, on avait fini dans les derniers temps de l'Empire, en 1870, par en soumettre le premier livre au Corps Législatif. Les événements de cette malheureuse année empêchèrent la discussion du projet. Espérons que rien désormais ne viendra arrêter nos futurs législateurs dans l'étude paisible des lois agricoles, et que l'adoption de lois précitées sur l'emphytéose nous mettra, sous ce rapport, au niveau des autres nations qui toutes ont compris l'importance du rôle que ce contrat était appelé à jouer dans la législation moderne.

En Italie, cette question est à l'ordre du jour. M. Elia Lattes a exposé un système complet de bail emphytéotique qui, suivant lui, unirait de la façon la plus heureuse les règles principales de l'emphytéose romaine avec les mœurs italiennes. D'ailleurs, le Code italien de 1866 consacre un titre spécial à l'emphytéose et règle ce contrat avec le plus grand soin.

En Angleterre, on peut juger de l'importance qu'on attache à cette question, lorsqu'on saura que, dans un concours ouvert en 1863 sur les meilleures règles à apporter sur la location agricole dans le Comté de Straffordshire, quarante-sept mémoires ont été présentés.

Les législations Belge et Hollandaise s'occupent aussi de l'emphytéose.

L'Autriche a adopté purement et simplement l'emphytéose romaine. Quant au Code prussien, il mentionne
sous le nom *d'usufruit héréditaire* (Erbginsrecht) une
institution qui participe à la fois du fief allemand et
de l'emphytéose romaine.

Il n'est pas jusqu'à la Russie qui ne soit entrée dans
la même voie. Plusieurs des ukases de ces dernières
années, qui affranchissent les serfs, réglementent leur
affranchissement avec des détails qui les assimilent presque à l'emphytéote romain.

Enfin notre contrat a franchi l'océan et nous le trouvons mentionné dans les statuts de l'Etat de New-York.

POSITIONS

DROIT ROMAIN

I. Le détenteur de l'*ager vectigalis* peut exercer l'action publicienne.

II. L'emphytéose ne vient pas des concessions de l'*ager publicus*.

III. L'écriture n'est pas requise pour la validité du contrat emphytéotique.

IV. L'emphytéote n'a droit à aucune remise sur le canon annuel en cas de manque total ou partiel de la récolte.

V. Le propriétaire ne peut exercer le retrait qu'en cas de vente du fonds emphytéotique.

DROIT FRANÇAIS

I. Les bénéfices de l'époque franque n'ont pas pour origine les bénéfices militaires romains.

II. L'emphytéose n'existe plus à l'état de droit spécial sous le Code civil.

III. La clause résolutoire formelle insérée dans une emphytéose antérieure au Code civil doit être interprêtée conformément à la jurisprudence des Parlements et non aux principes de notre Droit actuel.

DROIT COMMERCIAL

I. Les associés poursuivis comme liquidateurs, afin de rendre compte de l'actif social, ne peuvent invoquer la prescription de cinq ans. Ils le peuvent, s'ils sont poursuivis comme associés.

II. L'article 138 du Code de commerce établit une présomption qui peut tomber devant la preuve contraire, mais seulement à l'égard des parties et non à l'égard des tiers.

DROIT ADMINISTRATIF

I. Les riverains de cours d'eau non navigables ni flottables n'ont pas la propriété du lit et du cours d'eau.

II. Dans le cas où une portion d'un immeuble ayant été expropriée le propriétaire aliène ensuite celle qui lui reste, l'acquéreur, à titre particulier de cette dernière portion, n'a pas le droit d'exercer le privilége de rétrocession pour la portion expropriée qui n'aurait pas reçu sa destination.

DROIT CRIMINEL

I. L'antidate d'une lettre de change ne constitue pas de crime de faux prévu dans l'article 139 du Code de commerce.

II. L'aggravation de la peine résultant d'une qualité tout à fait personnelle à l'auteur principal ne doit pas retomber sur le complice.

DROITS DES GENS

1. Tout corps de francs-tireurs qui n'est pas incorporé dans un corps d'armée régulier ne peut prétendre à la qualité de belligérant.

II. Le blocus n'est obligatoire, pour les neutres, qu'autant qu'il est effectif.

III. La nation neutre ne peut, sans violer la neutralité, laisser construire dans ses ports des navires destinés à l'un des belligérants.

Vu : Le Président de la thèse,

Paul-Émile VIGNEAUX.

Vu par le Doyen,

A. COURAUD.

Vu : Le Recteur,

DABAS.

TABLE DES MATIÈRES

Droit romain.

Ancien Droit français.

Législation moderne.

Bordeaux. — Imprimerie générale d'Emile CRUGY, rue et hôtel St-Siméon, 16.

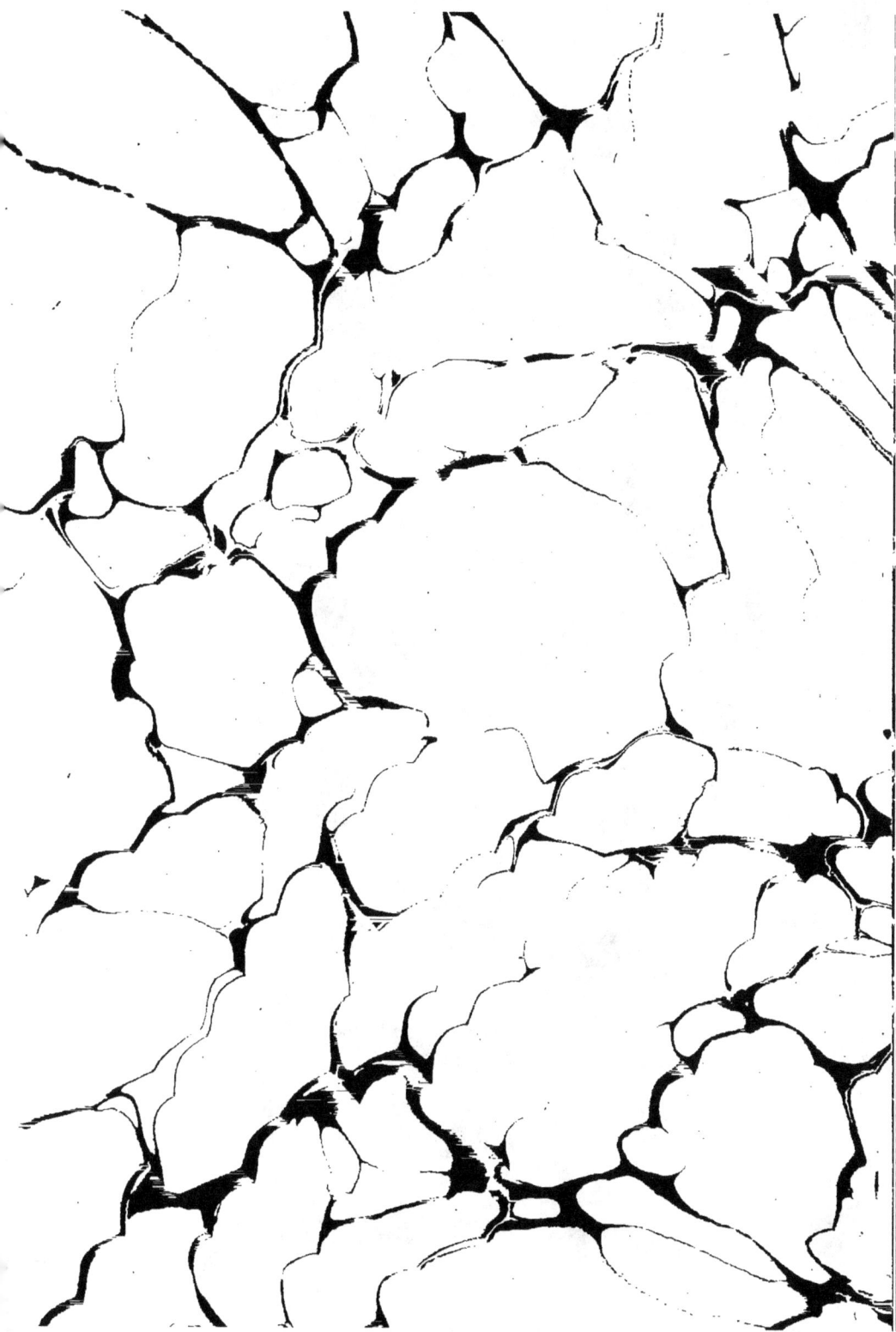

www.ingramcontent.com/pod-product-compliance
Lightning Source LLC
Chambersburg PA
CBHW070502200326
41519CB00013B/2677